KB189707

내가 이토록 교장을
갈망했던가?

뒤돌아보며 깨달은
미래 교육 이야기

내가 이토록 교장을 갈망했던가?

발행일   2024년 10월 28일

지은이   김상백
펴낸이   손형국
펴낸곳   (주)북랩
편집인   선일영   편집   김은수, 배진용, 김현아, 김부경, 김다빈
디자인   이현수, 김민하, 임진형, 안유경, 신혜림   제작   박기성, 구성우, 이창영, 배상진
마케팅   김회란, 박진관
출판등록 2004. 12. 1(제2012-000051호)
주소   서울특별시 금천구 가산디지털 1로 168, 우림라이온스밸리 B동 B111호, B113~115호
홈페이지   www.book.co.kr
전화번호   (02)2026-5777   팩스   (02)3159-9637

ISBN   979-11-7224-351-7 03370(종이책)   979-11-7224-352-4 05370 (전자책)

(주)북랩 성공출판의 파트너

북랩 홈페이지와 패밀리 사이트에서 다양한 출판 솔루션을 만나 보세요!

홈페이지 book.co.kr • **블로그** blog.naver.com/essaybook • **출판문의** book@book.co.kr

작가 연락처 문의 ▸ ask.book.co.kr

작가 연락처는 개인정보이므로 북랩에서 알려드릴 수 없습니다.

내가 이토록 교장을
갈망했던가?

Mannigfache Wege gehen die Menschen. Wer sie verfolgt und
vergleicht, wird wunderliche Figuren entstehen sehn;

Figuren, die zu jener großen
Chiffernschrift zu gehören
scheinen, die man überall, auf
Flügeln, Eierschalen, in
Wolken, im Schnee, in Kristallen
und in Steinbildungen,
gefrierenden Wassern,
Lichtern des Himmels, in
Feilspänen um den Magne

und sonderbaren Konju
des Zufalls, erblick

김상백 지음

김상백

✦✦

실천적 교육자

초등학교 교원으로 31년을 살고 있습니다. 나름대로 학생들을 잘 가르치려고 노력하며 교육자로 성장하고 있습니다. 앎으로 성장하며 꾸준히 실천했고, 무지하지 않으려고, 교육 모순의 본질을 개혁하자고 꾸준히 주장하며 그것을 교실에서 학교에서 가정에서 꾸준히 실천하고 있습니다.

교원은 실천하는 교육자입니다. 학생을 위한 교육운동이 지속적인 본질 추구의 실천으로 이어지지 못하고, 집단의 도그마로 변질하여, 다른 교육철학과 방법을 배척하는 교육 풍토에 일침을 가하는 글을 꾸준히 쓰고 있습니다.

문제적 교육자

교원의 비판적 사고 없이는 교육개혁은 불가능합니다. 정치구호인 교육개혁이 학생들의 성장으로 이어지기 위해서는 교원은 정치적인 교육개혁을 비판적으로 수용하여 학생들을 가르쳐야 합니다.

수업 개선을 위해서는 학교문화가 민주적이어야 교원이 하고 싶은 수업을 알차게 할 수 있습니다.

비민주적인 학교문화, 부당한 수업 간섭과 비판을 스스럼없이 비판하는 문제적 교육자의 삶을 살고 있습니다.

도전적 교육자

추락한 교원의 권위가 언제 바닥을 치고 올라올지, 교원의 권위가 상실된 사회가 일상이 될지는 짐작할 수 없습니다. 그러나 어떤 경우든 부당하게 교원의 권위를 침해하는 몰상식한 도전에 대해선 당당하게 맞서야 합니다.

교육 현장과 학생들의 성장을 반하는 교육정책에 대해선 잘못을 조목조목 지적하여 개선을 요구해야 합니다. 이제는 그런 활동을 남이 해주기를 바라거나 남의 선의에 의존하지 말아야 합니다.

교원의 권위를 스스로 지키는, 현장 중심의 교육정책을 스스로 요구하고 결정하는 도전적인 학교 공동체를 추구합니다.

주요 저서

나쁜 교사, 교감 본심, 로봇으로 산다는 건, 초등
학교는 지금

이메일 ictmovie@daum.net

목차

경남교총회장(사파초등학교장)

김광섭

"교육은 속도가 아니라 방향이 중요하다."

AI 시대, AI가 답을 주는 시대에, 교육은 무엇을 해야 하는가에 대한 교육의 변화에 대한 갈망, 올바른 학생, 올바른 교육, 올바른 방향으로 나아가고자 끊임없이 고민하고 그 길을 알리는 데 집중하여 역설했다.

'교문현답' ― 교육의 문제는 현장에 답이 있다. ― 이라는 말처럼 32여 년 간의 교직 생활의 현장경험을 바탕으로 참교육자로서 살고자 하였던 처절한 몸부림, 실패한 교육정책에 대한 시원한 비판을 통해 미래교육이 나아갈 방향 등을 현장 교사의 시선으로, 통찰과 통섭으로 스스럼없이 담아내었다.

특히, 초등 교장 자격연수 대상자로 선정되면서 연수 전, 연수 중, 연수 후의 일련의 과정을 통해 교육자로서의 양심고백과 그 경험을 통한 교훈, 인간다움과 미래다움이 공존하는 미래교육의 비전을 제시하는 철저히 현장 중심의 이야기이다.

이 책의 핵심 키워드는 인본주의, 홍익인간, 이화세계이다. 교육하는 이유이기도 하고 교육받는 목적이다. 동서고금을 막론하고 미래의 세계가 어떻게 변할지는 몰라도 불변의 진리는 인간성 교육이다. 저자의 교육철학을 바탕으로 잘 담아내고 강조하고 있다.

본문 중의 학교장경영계획서를 보고 놀라웠다. 읽기, 걷기, 쓰기, 말하기를 학생들에게 실천하겠다고 강조하였다.

저자는 질문과 상상력, 나만의 생각을 지니는 것이 중요하다고 생각하고 읽기로 지혜를 기르고, 걷기로 사유와 성찰의 시간을 갖고, 쓰면서 소통하며, 말하면서 공감과 존중의 태도를 기르고자 하였다.

최근 인천광역시교육청에서 추진하고 있는 읽, 걷, 쓰 시민문화운동과 일맥상통한다.

'빼앗긴 들에도 봄은 오는가?' 교육의 봄을 갈망하는 저자의 마음으로 책의 세계로 빠져들었다.

추천사

『중학교 철학 1, 2, 3』
저자 **김준식**

너무나 솔직한, 그리고 담담한 고백 앞에 오히려 숙연해졌습니다. 몇 군데 교감 선생님의 자의식이 충만한 부분도 없지 않았지만 매우 멋진 글이라고 생각합니다. 상업성이야 운이고 이 내용이 책으로 출판된다면 우리 교육 현실에 이런 교감 선생님도 존재한다는 것을 세상에 알리게 되겠지요. 이미 출판하신 '교감 본심'보다는 좀 더 정제되고 차분한 목소리였습니다. 빨리 교장 되시길 빕니다. 응원합니다.

교사
○○○

　　초등 교장 연수 과정에서 느끼는 글쓴이 주관과 다짐을 엿볼 수 있었고 할 말은 하는 강단과 교육자로서의 겸손이 인상 깊었다. 그리하여 본문에서 '교장 직위만을 갈망하지 않도록 애쓰겠다'라는 어쩌면 상투적인 표현을 글쓴이가 교육자로 살아온 소신과 앞으로의 구체적 계획으로 '진짜로 그럴지도 모르겠는데'라고 생각했다.

　　교장으로 새롭게 출발할 학교에서 어떤 긍정적인 변화로 나타날지 기대된다.

추천사

교감
○○○

  행복학교 1년 땅을 뒤집고, 거름을 주고, 텃밭에 비닐을 씌우고, 물을 주고, 예초기를 돌리고, 잡초를 뽑고. 현 학교에서 교감이 하는 일 중의 하나이다. 생태전환교육은 텃밭을 일구는 것과는 95% 관계가 멀다고 어느 교육부 연구사가 말했는데. 일단, 교원들이 바라고 시설 담당 주무관은 도와줄 생각이 없고, 누군가는 해야 하니 잡음을 없애기 위해서 했다. 그래서, 잡음은 없다. 1년이 지나니 교원들과 행정실 직원과 잡음은 없이 지내며, 고성도 오가지 않으니, 겉으로는 신뢰 관계가 형성된 듯하다.

하지만 저자와는 다르게 옳다고 생각되는 것도 쉽사리 입 밖으로 꺼내지 못한다. 예를 들어 쌓인 낙엽으로 아이들의 안전사고가 우려되면 주무관에게 치울 수 있게 말해야 하는데, 안 할 것이 뻔하고 다툼만이 예상되어서 그냥 내가 한다.

저자는 텃밭 관리, 예초기 돌리는 교장은 사양한다고 했다. 그러면서 그런 일을 해야 할 사람이 그런 일을 잘할 수 있도록 하겠다고 했다. 저자는 당연히 그렇게 할 수 있을 것이다. 신념이 확고하고, 설득력 있게 말을 하기 때문이다. 경험적으로 그렇다. 그리고 그렇게 하는 것이 맞다. 당장에 다툼이 생기는 게 싫어서 할 말을 안 하면 안 된다. 그런 저자의 신념과 용기와 기백이 부럽다.

뒤돌아보며 깨달은
미래 교육 이야기

왜
이걸 쓰려고 해?

내가 겪은 초등 교장 자격연수를 극히 주관적으로 쓰며 교육자로서 내 삶을 뒤돌아보려 한다.

간간이 교육자로서 살아온 내 삶을 정리해 보고 싶은 충동이 일었었다. 그때마다 시기가 아니라는 핑계 ― 사실 내 교직 생활이 언제 끝날지도 모르고 그걸 안다고 하더라도 정리하려는 마음이 변하지 않을 것이라는 보장이 없어서 핑계가 확실하다. ― 로 미루다가 초등 교장 자격연수를 핑계 삼아 불완전하게나마 정리하고자 한다.

초등 교장 자격연수로 내 삶을 반추했으므로 교

육자인 나의 삶을 온전하게 정리한 게 아니다. 온전하게 정리할 때가 와서 그럴 열정과 능력이 있으면 다시 정리하고 싶다.

　나를 정당화하거나 추켜세우려고 교육부를 비롯한 교육기관, 교육 관료와 교원을 탓하지 않겠다. 이게 옳다 저게 옳다, 이래라저래라 하지 않겠다.

　오롯이 내 경험과 생각을 숨기지 않고 점잖게 드러내겠다.

　그래서 내 남은 교직 생활의 대부분인 교장의 삶이 교장 직위만을 갈망하지 않도록 애쓰겠다.

나는?

근 31년 교직 생활 중 6년 조금 넘게 교감을 하고 있다.

교감을 하고 교장을 하겠다는 굳은 의지 없이 운과 좋은 인연으로 비교적 수월하게 교감이 되었다. 교감 초창기에는 운과 좋은 인연을 부정한 채, 할 소리 다 하며 비교적 굽신거리지 않고 정의롭게 교감이 되었다며 자존심 상해가며 힘들게 교감이 된 동료의 나약하고 타협적인 태도를 속으로 나무랐다. 그래서 나는 수월하게 교감이 된 게 아니고 정의롭게 교감이 된 것이라며 우쭐해했다. 역시 속으로만.

속으로만 그렇게 생각한 것은, 교감이 되는 과정에서 정의롭지 않은, 친한 친구만이 아는 행위를 했기 때문이다. 그러나 그 일은 남에게 해를 가하면서 내 득을 챙긴 게 아니라 남이 나를 해하여 득을 챙기려 했기 때문이다. 이 일을 겪은 후에 청탁은 멀쩡한 사람마저 청탁하지 않으면 손해 본다는 심리적 압박을 일으켜 청탁이 당연한 사회로 만들고, 결국 부정한 돈과 권력이 좌지우지하는 사회를 만들기에 반드시 근절해야 한다고 다짐했다. 교감이 된 후 청탁하는 사람도 없었고 간혹 청탁하려는 의도가 느껴지는 사람은 멀리했다.

교감이 된 동료를 여러 번 만나면서 내 의지대로 정의롭게 교감이 되었다기보다 정말 운 좋게 교감이 되었다는 생각으로 바뀌었다. 내 의지대로 할 수 있는 환경이어서, 내 의지대로 할 수 없는 환경에선 마침 피할 공간이 생겨서, 그때 친구가 거친 내 말에 개

의치 않고 전화를 끊지 않고 차근차근 설득해 주어
서 정말 운 좋게 교감이 되었다고. 만약 그렇지 않았
다면 내 성격에 '더러워서 교감 안 하고 말지.'라며 실
제로 때려치웠을 것이다. 그러나 실제로는 내가 더러
워하든 말든 교감이 되는 것과는 무관하다. 교감을
하려고 준비하며 교감을 하며 내 의지만으로 교감을
할 수 있을 것으로 믿었던 그때가 몹시 부끄러웠다.
그때 내 멋모른 행위로 상처 입은 몇 명의 선배 교감
과 교장에게 전화해서 진심으로 사과했다.

　나는 시대를 앞서가는 사람이 절대 아니다. 오히
려 시대적 요구를 방기하고 과오를 저질렀다.
　대학 다닐 때는 올바른 사상도 없이 멋으로 데모
하며 술자리에서 민중가요만 크게 불렀고, 발령받아
서는 말 안 듣는 학생들을 때렸다. 그러면서 참교육
하는 교사인 양 떠들고 다녔다.
　내 무지가 발각되고 내 위선이 까발려져서 창피를

당하면, 정말 부끄러워 죽고 싶은 마음 — 다른 사람에게 더 들킬까 봐 더 부끄러웠던 것 같다. — 에 두 번은 그러하지 않겠다는 다짐을 반복했다.

그런 시기를 지나면서 말 따로 행동 따로 하지 않으려고 무던히도 애썼다. 간혹 술자리에서나 분위기에 들떠서 위선 어린 행동을 하고 나면 치를 떠는 부끄러운 감정이 며칠을 갔다.

학생을 가르치듯 자식을 길렀다. 학부모에게 상담한 것을 자식들에게 그대로 했다. 학생과 학부모에겐 이상 교육을 주장하고 내 자식에겐 현실 교육하지 않았다.

책 읽는 것을 좋아했는데 뚜렷하게 읽을 만한 게 없어서 기분 따라 눈에 보이는 대로 읽었다. 조용하고 사무적이며 의자에 앉아서 책을 읽어야 하는 도서관이 싫어서 부득이한 경우가 아니면 책을 사서 읽었고 — 가난한 살림에 새 책 살 돈이 턱없이 부족했고 친구 만나 술 마시며 기분 내는 걸 좋아해서 젊었을 때는 책을 거의 사지 못해서 많이 읽지 못했다 — , 지금은 형편이 나아져 원하는 책은 모조리 사서 읽는다.

책을 읽다 보니 시대를 읽는 안목이 생겨서 실수가 잦아들었고, 실수와 새로운 생각을 글을 쓰며 성찰하고 있다. 교감이 된 이후부터 지금껏 블로그와 페이스북에 '교감일기'를 쓰고 있다.

학생을 비롯한 주변인들에게 책을 읽게 하겠다며 이런저런 방법을 다 써보았는데, 내가 먼저 꾸준히 읽는 것만큼 좋은 독서교육이 없었다.

교사 시절에는 우리 반 아침 활동은 무조건 책 읽기였다. 내가 먼저 일찍 출근하여 책을 읽고는 아무 말도 하지 않았다. 그러하면 한 달이 채 안 되어 반 전체 학생들이 책을 읽는다. 작은 학교에 근무할 때는 전교생을 도서관에 모아 놓고 똑같이 했다.

무엇을 읽었는지를 묻지 않고 독후활동도 하지 않았다. 처음에는 다양한 방법의 독후활동을 했는데 이게 독서를 방해하는 교육이라는 걸 깨닫고는 하지 않았다.

시간이 지난 후에 발표하고 싶은 학생이 생기면 자유롭게 발표하도록 했다. 그러하고 한참이 지난 후에 독후감을 쓰는 방법을 안내했다.

교감이 된 후에는 교무실에서 책을 읽었다. 업무 시간에 책만 읽는다는 오해 사지 않으려고 업무에 최선을 다하고 남은 시간과 점심 및 휴식 시간을 허투루 보내지 않았다. 그러다 보니 주변 사람들이 책을 읽기 시작했다. 어떤 이는 나를 만나 가장 좋았던 게 책을 읽기 시작한 것이라고 했다.

가방에는 항상 책을 넣어 다니며 언제 어디서나 책을 읽는다. 거실 한편에는 읽은 책과 읽을 책으로 그득하고, 인터넷 서점 카트에는 결재를 바라는 책들이 줄 서 있다.

요즘에는 재미있는 책도 뇌가 싫어하는 어느 지점에 도달하면 지루해질 수 있다는 걸 알아버려서, 그

지점이 점점 빨라지고 있어서 슬프다.

한때에, 건방지게, 교장을 가르치는 교사를 꿈꾸며 이성과 합리에 기반한 학교문화를 주장하는 책 한 권을 출간했다. 그 책이 마음에 들지 않아서, 건방진 생각을 교정하는 뜻으로 여러 책을 출간하고 있다.

책을 출간하고 블로그와 페이스북에 글을 쓰는 목적은 학교의 실상을 과감하게 알려서 사회 구성원 전체의 소통으로 학교를 바꾸어 보자는 것이다.

간혹 '대중적인 글을 쓸까?'라고 생각하지만, 학교 현장 교원의 본분을 잊지 않은 민주주의 국가의 시민으로서 생각과 사상을 드러내는 게 나다운 글이라고 자조한다.

권위와 권력 앞에 주눅 들지 않으려 한다. 내 생각을 말하고 토론하는 걸 즐기려 한다. 책을 읽고 글을 쓰는 덕분으로 소위 전문가들, 박사 학위자들, 고위 교육 관료들과 대등하게 토의하고 토론할 수 있겠다는 자신이 생겼다. 내 의견과 주장이 반박되더라도 성장의 기회를 가졌다는 회복력으로 나쁜 감정이 예전만큼 오래가지 않는다.

덤덤했다.

초등 교장 자격연수자 명단에 내가 있는 걸 먼저 안 후배가 축하 전화를 했다. 내가 그 명단에 있을 것이라고 전혀 예상하지 못했던 눈치였다.

들뜬 그와는 달리 나는 덤덤했다. 반갑고 좋은 소식을 들었을 본능적으로 솟구치는 환희와 희열이 일지 않았다. 지금 생각해도 왜 그랬는지 알 수 없다. 환희와 희열은 지금까지 여전히 일지 않고 있고.

교감 경력이 3년이 지났을 무렵부터 해마다 초등 교장 자격연수 대상자 서류를 교육지원청에 제출했다. 그 당시 장학사를 하는 선배가 교육지원청에서는 아무래도 대상자 서류를 낸 교감의 근무평점을 좀 신경 쓴다면서 그렇게 하라고 했다. 그리고 그 선배가 나한테만 그런 이야기를 할 사람이 아니어서 모든 교감이 그렇게 하는 줄 알았다. 더욱이 교원-교감, 교장-승진에서 근무평점의 영향은 절대적이다. 그래서 선배 말대로 경력에 비해서 근무평점을 낮게 받지 않으려고 그랬다. 그 외 승진 가산점은 거들떠보지 않다가 직무연수 점수는 꼭 만점이 아니더라도 승진에 열의가 있다는 성의 정도로 여기길 바라는 마음으로 만점이 아닌 점수로 이수했다.

나는 교육지원청의 교감 근무평점이 교장 자격연수와 발령에 절대적인 영향을 미친다는 소신이 확고했기에, 교육지원청에서 승진 가산점이 부족해서 비롯한 다른 승진 점수가 부족해서 등의 이유를 내세워 근무평점을 줄 수 없다는 변명은 그야말로 핑계일 뿐이라고 확신했다. 지금도 그렇다. 오히려 승진할 순서가 된 교감의 승진 가산점이 부족하면 근무평점을 더 잘 주면 되는 것이다. 아마 내가 그런 경우일 것이다.

그러면 교육지원청에서는 승진 대상자 순서를 어떻게 정하는 것이 합리적일까?

나는 솔직하게 승진이 잘 되는 시도교육청은 비슷한 경력이면 연장자를 우선하는 게 옳다는 생각이다. 비슷한 경력에서는.

그러나 승진이 많이 밀리는 시도교육청은 교감 경력, 구체적으로 교육지원청의 교감 경력을 절대 기준으로 삼아야 한다는 생각이다. 어떤 해에는 나이 순서로, 어떤 해에는 경력 순서로, 또 어떤 해에는 교육지원청의 주관적인 순서로 하여서는 안 된다는 생각이다. 그것도 교육지원청마다, 해마다, 기준이 달라서 대상자의 교감 경력이 교육지원청에 따라 현저히 차이 나는 기형은 누가 보더라도 잘못된 교육행정이다. 이런 기형적인 교육행정을 예방하기 위해서는 광역시교육청뿐만 아니라, 도 단위 교육청에서도 교장 승진 대상자 선정과 발령을 위한 근무평점은 도교육청에서 부여해야 한다. 더군다나 인구절벽으로 학교 수가 확 줄어들고 있는 현실을 감안하면 그럴 때가 되었다고 판단한다. 이렇게 하면 교육지원청은 학교 교감이나 교사들 불러서 일 시킬 건더기가 없고 교육지원청의 일에도 학교가 협조를 잘 안 해 줄 것이라며 볼멘소리를 하겠지만.

'그동안 그게 잘한 일은 아니었잖아?'

교감이나 교사, 학교의 도움이 필요하면 논리적으로 설명하여 설득하고 때로는 학생 교육 활동 방기를 책임지게 해야지, 그럴 명분과 능력이 없으면 하지 않아야 하고.

각 시군교육지원청의 최근 3년간의 교장 자격연수 대상자 선정 기준을 확보하여 분석한 후 교원 단체의 협조를 얻어 기자 회견을 가지려고 했었다. 이렇게 해야 그나마 바뀔 가능성이 있으니까?

교장 자격연수를 받은 뒤인 지금도 그런 마음이 여전하냐고? 물론 그렇다. 필요하면 그럴 것이다.

다행스럽게도 시군교육지원청과 도교육청이 상기한 문제점을 예사롭지 않은 시각으로 바라보고 있으며, 새롭게 탄생한 경상남도교육청 초등교감회에서도 이 문제 개선을 위해 교육감 면담을 비롯해 여러 방면으로 애를 쓰고 있는 것으로 알고 있다.

카톡으로 아내에게 연수 대상자가 되었다고 알렸더니 '내년쯤에 될 것 같다고 하지 않았어요?'라며 나보다 더 무덤덤하고 서운한 답을 보내왔다. 그렇지만 그날 저녁에 막걸리 한잔을 했다.

몇몇 친구와 모임에서 축하 전화를 해왔고, 한날

은 축하 자리에서 술이 떡이 되어서는 눈을 떠보면 못 보던 사람이 있고 또 눈을 떠보면 또 못 본 사람이 있고, 이름이 기억 안 나서 얼버무리는 걸 눈치챈 후배가 이름을 알려 줬는데도 또 또 떠서는 얼버무리고. 다음날 웬만해서는 그러지 않는 아내가 한참 동안 말을 하지 않길래 '밤새 화장실을 간다며 붙박이장 문을 참 많이 열었구나!'라고 생각하며 눈치만 살폈다. 다행스러운 건, 마지막으로 놀았던 노래방을 내가 결제한 것으로 미루어 봐서 교장 하는 데 지장 있는 실수는 하지 않았다고 추측하며 안도했다. 물론 그 자리의 사람들이 그럴 분들도 아니고.

요즘, 제일 무서운 게 나도 모르게 필름 끊기는 것이다. 사라진 기억의 진위를 파악할 수 없어서 빼도 박도 못하는 상황과 마주할 수 있어서.

그다음으로 무서운 건 술 잘 먹이는 사람과의 만남이다. 마음을 단단히 먹어도 체력이 예전과 달라서 나도 모르게 '제일 무서운 처지'가 된다.

여하튼 아내와 막걸리 한잔하는 게 제일 좋다.

연수원의 담당자로부터 연수 안내를 받은 대로 출장 신청을 비롯한 대결자 지정 등의 행정 처리를 하는데, 마음이 불편했다. 연수 중에도 내 일은 내가 할 것이라고 말했지만 대결자로 지정받은 교무부장은 부담될 수밖에 없고, 내가 해결하며 관리하고 있었던 잡다한 문제들을 누군가는 해야 하는 불편함.

미안한 마음으로 교장 선생님과 교무행정지원팀에 조촐하게 저녁 한 끼 냈다. 교장 선생님과 교무행정지원팀에서 연수 잘 받으라며 금일봉과 연수 중에 필요한 선물을 주셔서 그냥 고맙게 받았다.

초등 교장
자격연수

연수 등록 시간보다 훨씬 일찍 연수원에 갔는데도 많이 붐비었다. 친한 친구와 선배들, 얼굴만 아는 후배들과 선배들, 전혀 알 수 없는 교감과 장학사들. 중등 교장 자격연수 대상자와 한 공간에 있어서 그런지 개강식장이 웅성대는 소리로 가득 찼고, 연수원 사람들이 부산스럽게 오고 갔다. 아마 개강식에 교육감이 참석하고 특강도 할 것이라서 그런가 보다 하고 생각했다.

개강식이 끝나고 축하 공연을 보고, 특강을 들었다.

홍익인간(弘益人間)은 '사람들의 세상을 널리 이롭

게 하다'라는 뜻이다. 이 말에 사람과 자연, 환경이 조화롭게 공생할 수 있는 의미가 빠져 있다고 해석할 여지가 있는가? 이렇게 해석하는 강사가 있어서 매우 당황했다.

만약에 사람들의 세상이 아닌, 사람을 이롭게 하라고 하여도, 2024년을 살고 있는 우리는 자연과 공생하는 이로운 삶으로 받아들여야 한다.

나는 문자 그대로의 의미만을 강조하는 문자주의를 경계한다. 말과 문자에 내포된 철학과 사상, 문화를 이해하며 지금에 맞게 비판적으로 받아들이려고 애쓴다. 흔히 맥락을 잘 살펴야 한다고 하는데, 나는 맥락을 넘어 그 맥락이 지금에 비추어서 합당하지 않으면 폐기한다. 그러나 홍익인간은 맥락적 이해로나 비판적 수용으로나 폐기될 수 없다. 되레 나날이 비인간적으로 변해 가는 지금의 세상에 더 강조해야할 이념이다.

생성형 인공지능(AI)이 우리 생활에 실제적인 체감을 불러일으키면서 빅테크 기업에서 내놓은 AI를 이용하는 게 대유행하고, 마치 이를 이용하는 게 시대를 앞서가는 사람처럼 여겨져 생성형 AI의 이용 가치를 따지지도 않고 함부로 사용한다.

연수 첫날부터 강의할 주제를 생성형 AI에게 물은 결과를 해석하며 전달하는 강사가 있었다. 나는 강사의 지식과 지성과 견해가 궁금했지만, 생성형 AI가 정리한 두루뭉술한 온라인 지식은 듣고 싶지 않았다. 연수가 끝날 때까지 강의 중간중간에 'AI에게 물었더니~'를 남용하는 강사로 상당히 불쾌했다.

교육대학교 다닐 때부터 친했고, 같은 지역에 첫 발령을 받은 친구와 쉬는 시간에 반갑게 인사했다. 친구는 내가 책을 출간하는 것을 대단히 여기며 추켜세웠다. 간략하게 책 출간 과정과 내가 쓰고자 하는 글에 대해서 짧게 이야기를 나누었다.

사실 나보다 이 친구가 더 대단하다. 교육대학교는 전공이 초등교육이고 여러 갈래의 부전공 — 도덕과, 국어과, 음악과, 미술과 등 — 으로 나뉘는데 이 친구는 부전공이 음악교육이다. 아무리 부전공이 음악교육이라고 하더라도 교육대학교 교육과정상 종합대학교의 음악교육을 따를 수 없다.

그런데 이 친구는 학교 오케스트라를 운영하며 오케스트라를 구성하는 모든 악기의 기능을 수준급으로 지도하는 실력을 갖췄다. 교육대학교에서 배운 것이 아니라 오케스트라를 운영하며, 퇴근 후와 방학을 이용하여 순수한 본인의 열정과 책무성으로 그렇게 한 것이다. 지금 학교처럼 현실적인 지원이 없었던 30여 년 전의 그 당시에.

같이 연수받는 세 분과 하루 왕복 150km 정도의 연수 장소까지 차를 번갈아 운전하기로 했다. 그중 한 분으로부터 물컵이 딸린 양치 도구를 선물 받았다. 지금껏 요긴하게 사용하고 있다. 그리고 연수 중에 이분에 대해서 미안한 감정을 가졌다.

　이분이 해외 교육 체험연수를 다녀와서 시차 적응의 어려움으로 아침에 일어나지 못해서 지각했다. 한참이 지났는데도, 아무 연락도 없이 출발 장소의 약속 시간에 나타나지 않아서 여러 번 전화했는데도 받지 않아서 부인 직장으로 전화해서 자초지종을 설명했더니 시차 적응의 어려움을 겪고 있었다며 경비원에게 도움을 청하겠다고 했다. 그나마 경비원의 도움으로 간발의 차이로 늦게 도착했는데, 하필 그날 연수 담당 장학사가 정각에 출석부 확인을 하고 사인이 안 된 연수생을 호명했다. 뻔히 얼굴을 아는 처지인데 대신 대답할 순 없었어도 사인이라도 내가 했더라면, ─ 나중에 안 사실이지만 자리가 딱 맞게 배치되어 있어서 빈자리가 생길 때마다 담당 연구사가 꼼꼼하게 확인한다고 하긴 했다. ─ 아니면 담당 연구사가 호명할 때 주차장이 복잡하여 인근에 주차하는 중이라고 했더라면, 출석부에 내 출석 사인한

후 어디쯤 왔느냐고 물어라도 봤더라면.

오픈북 평가이고, 조별 과제를 비롯한 여러 과제의 변별력이 크지 않은 상황에서 출결 상황은 연수 성적에 큰 영향을 끼친다.

자리 잡아주기

좀 성숙해지면서 하찮더라도 — 그게 뭐 문제냐고 말할 수 있는 사소한 일들이 정의와 내 가치관에 맞지 않으면 거부한다.

연수 첫날부터 책이나 물건으로 일행의 자리를 대신 잡아주는 일들이 유행했다. 비교적 일찍 갔는데도 내가 좋아하는 자리에 연수교재와 가방들이 휙휙 던져져 있었다. 확 치워버리고 앉으려다가 연수초부터 얼굴 붉히면 연수 끝날 때까지 그 사람을 보는 게 불편할 것 같아서 일단은 참고 담당 연구사에게 실상을 전달하며 그렇게 하지 못하도록 안내를 부탁했다. 난감해하며, 이런 일이 지금껏 이어져 왔고 그럴 때마다 안내해도 바뀌지 않더라는 것이었다. 교장 할 사람들인데 자존심까지 건드려서 고치기가 부담스럽다는 눈치였다. 수긍하며 나는 그러지 않기로 했다. 그런데, 오랫동안 동생처럼 여기는 후배가 내 옆에 앉기를 열망했다. 그러면서 나더러 자기 자리를 잡아달라는 것이었다. 난감했다. 다음 날, 그 요구를 무시했더니 글쎄 이놈이 자리 하나 잡아주는 게 뭐 그렇게 힘든 일이냐며 따지는 게 아닌가? 예상하지 못한 일격에 무어라 대답하지 못했다. 이 공격을 얻어맞은 후에 순순히 자리를 잡아주었는데, 다행스러운 건 내 옆에 앉으려는 연수생이 없었다는 것과 다들 자리 잡아주는 걸 대수롭지 않게 여겼다. 하지만 나는 내 소신을 지키지 못해 연수 내내 찝찝했다.

이것 말고도, 후배는 서울 미래교육 현장 탐방 가

서도 내가 아침 모닝콜을 자발적으로 하게끔 행동했고, 끼리끼리 활동할 때도 의도적으로 나와 함께 하여 은근히 '을질'하며 나의 자발적인 조공을 바랐다.

한번은 친구가 왜 너는 그 연수생을 왜 챙기냐며, 분명히 네가 선배이고 여러 가지 면에서 얽힐 이유가 없고 더군다나 네가 아쉬울 것도 없을 텐데, 우리 주변에 네 카리스마를 버거워하지 않는 사람이 없는데, 그 연수생이 이리 너를 부리니 무슨 관계인지를 모르겠다고 했다. 나는 실실 웃으면서 나와는 오랫동안 모임 하는 친구 같은 후배이고 그의 생활과 성향을 내가 잘 알고 있어서 먼저 챙기고 이해하려 한다고 했다. 나의 외모와 인상과 공식적이고 공개적인 내 말과 글을 부담스러워하는 이들이 많아서 내게 쉽게 말을 걸지 않는다. 또 나는 그걸 개의치도 않아서 가만히 눈을 감고 생각하거나 조명이 좋으면 책을 본다. 그럴 때 이 후배가 내게 와서 툭툭 던지는 말들이 재미있기도 하고 그런 말들에 내가 토를 달면 귀담아들어 주어서 고맙기도 하다.

아무튼 시험 자료도 보잘것없는 내 걸 주었는데 나중에 알았지만, 열받게끔 시험 점수는 나보다 더 잘 받았다.

전체 연수를 마칠 때쯤, 좀 친해진 여러 사람 앞에서 이번 연수 기간에 이 후배 모시는 일이 제일 힘들었다고 몇 번 이야기했더니, 다른 사람은 웃는데 되레 내게 별것 아닌 일로 되게 생색낸다며 핀잔을 주었다.

후배와 함께하는 8월 여름방학 정기 모임에서 내가 핀잔받은 것까지를 포함한 후배의 만행을 까발리며 한바탕 웃을 것이다. 후배가 내미는 술잔을 받으며.

건강관리와 간식

몇 년 전에 눈의 망막 박리가 심하게 일어나서 — 전조 증상을 노화 현상으로 대수롭지 않게 여겨서 병원에 늦게 가는 바람에 — 크게 수술을 한 후 회복 불가능한 후유증이 있다. 나름대로 적응을 해나가고 있지만 불편하다. 연수 기간 내내 낯선 화면과 조명에 쉽게 적응하지 못해 매우 불편했다. 겉으로는 멀쩡해서 내가 말하지 않으면 다른 사람은 모른다. 연수 활동에 따라 불편을 호소하여 역할로 배려받고 싶은 마음이 있었으나, 내 마음이 꼭 하기 싫어서 꾀부리는 듯하여 그만두었다.

주위를 둘러보니 정도의 차이만 있을 뿐 건강상의 문제를 다 안고 있었다. 50세를 다 넘기고, 60세를 바라보는 분들이니 성한 데가 어디 있으랴. 연수 받기까지 학교생활도 치열했고.

다행스러운 건 연수원 측에서 하루 강의 6시간,

조별 활동과 현장 탐방 등의 시간을 여유롭게 조정해 준 것이다. 이왕이면 좀 더 여유롭게 해주지, 라는 바람을 했다. 특히 좁은 강의실에 장시간 앉아있는 건 정말 고역이었다.

나는 간식은 신경 쓰지 않는다. 살을 많이 빼면서 때맞추어 먹는 식사는 적게 하고 간식은 정말 배고프지 않으면 먹지 않는다. 그래서 간식은 있어도 그만 없어도 그만이다. 몸을 움직이는 시간이 적은 장기간의 연수이니 살찌는 게 걱정되어 간식을 먹지 않겠다고 결심했다. 물과 커피와 차는 마시고.

이런 나였기에 처음에는 간식을 거들떠보지 않았다. 연수가 중반으로 향하면서 입이 심심하고 간혹 배도 고플 때가 있어서 간식을 둘러보았는데, 사탕밖에 없었다. 간혹 못 보던 과자라도 갖다 놓으면 금방 동이 나버렸다. 이런 일을 몇 번 겪다 보니 좀 서글퍼졌다. 명색이 교장 자격연수인데, 하루 간식비가

1인당 1,000원이라는 게 말도 안 되고, 평소 같으면 거들떠보지도 않는 싼 사탕과 과자를 앞다투어 챙기는 내 모습을 마주하니 참 씁쓸했다. 아이들 간식도 이보다 훨씬 좋다. 그렇다고 교장 대접 제대로 받겠다며 거하게 한 상 차려달라는 소리는 아니다.

리더십과 자기 계발 강의

리더십과 자기 계발 강의 이제는 진짜 지겹다. 교감이 된 이후부터 빠지지 않는 강의가 리더십과 자기 계발 강의였다. 내게 더 지겨운 게, 10여 년 전에 리더십과 자기 계발로 학교 문화를 바꾸어 보겠다고 객기를 부렸었다. 웬만한 리더십과 자기 계발 관련 책은 거의 읽었고, 강의도 꾸준히 들었다.

그것을 내 것으로 바꾸어서 학생들과 교직원에게

여러 차례 적용하며 관련 자격증도 땄다.

그런데 내 생각만큼 학교는 변하지도 않고, 되레 그런 것에 피로감 느끼는 분들이 많았다. 꼼꼼하게 원인을 살폈더니, 수업을 마치고 업무하기도 바쁜데 나의 이상적이며 낭만적인 구호는 위로가 되지 못한 것이다. 그리고 또 다른 한 가지는 학교를 바꿀 개인의 의지가 없었다. 내겐 아무리 좋은 것이어도 남에겐 더 좋은 것이 있으면 관심 밖이다. 나 역시 내 삶이 바쁘고 좋아하는 것이 따로 있는데, 누군가가 맥락 없이 이게 더 좋으니 해보라고 강요하면 받아들이기 힘들 듯이.

내가 생각하는 좋은 리더십은 자기가 꾸준히 실천하여 주변인들이 따라 하게끔 하는 행실이다. 사람은 좋은 걸 따라 한다. 당장 따라 하지 않더라도 따라 하려는 의지만을 갖게 해도 훌륭한 리더다.

학교 문화는 내가 직접 바꾸는 게 아니라 나를 닮

은 사람들이 바꾼다. 주변인들이 나를 따라 하지 않는다면, 어찌 되었든, 그건 내 잘못이 더 크다.

나는 리더십과 자기 계발서 몇 권 읽고 그와 관련한 강의나 연수 몇 시간 듣고 흉내 내면서 제대로 안 된다며 남 탓을 했다. 하지만 지금은 우연이든 의도적이든 리더십과 자기 계발을 접하게 되면 조용히 나를 뒤돌아보며 내가 어떤 사람인지부터 살펴본다. 그리고 무엇을 바꾸려고 하는지, 그걸 위해 어떤 역할을 하고 싶은지, 그걸 묵묵히 할 수 있는 각오는 되어 있는지를 냉정하게 살펴본다. 그럴 준비가 되어 있지 않으면 좋은 리더인 양 젠체하지 않고, 솔직하게, 꼭 이걸 하고 싶다고 또박또박 밝힌다. 나의 리더십이다.

내가 지겨워하고 싫어하는 리더십이나 자기 계발 강의 가운데는 치밀한 각본으로 — 청중은 각본인

줄 모르고, 그저 웃고 떠들게 하다가 눈물짓게 하는 강사도 있다. 차라리 이런 강의가 좋다. 그 시간만큼은 잡념 없는 시간, 힐링 시간이다.

여전히 MBTI 열풍이다. 나는 내 MBTI를 모른다. 아예 관심을 두지 않았고 간혹 누가 내 MBTI를 물으면 퉁명스럽게 관심 없다 하고, 이런 나를 MBTI로 짐작하면 불쾌감을 드러낸다. 나는, 내가 일관성이 없다고 여긴다. 환경에 따라 이리저리 흔들려서 후회하고, 흔들리지 않으려 애쓰고, 흔들리는 게 공감받을 수 있는 인간의 기본 감정인지 흔들리지 않아야 하는 게 그런 건지, 상황에 따라 흔들리기도 흔들려야 하고 흔들리지 않으려 애써야 하고 절대 흔들리면 안 되어야 하는지, 그 사이에서 갈팡질팡하는 한 인간이다.

그래서 나는 착한 사람이 손해나는 일이 없도록 흔들리고 흔들리지 않고 흔들리다가 흔들리지 않으려 한다.

자기 마음대로 안 된다고, 자기 마음대로 안 해 준다고 습관적으로 깽판 부리는 학생과 학부모, 민원인들을 대할 때, 그들의 뒤에 있는 권력과 돈, 내 앞에 놓인 나의 입신보다 선한 사람이 손해나는 일이 없도록 하고 싶다.

안타깝게도, 요즘에는 악성 민원인들에게 보고 배운 대로 학교를 혼돈으로 몰아가는 교직원 민원이 증가하고 있다. 도움마저 갑질로 둔갑시키며.

이번 연수에도 어김없이 어떤 틀로 자기 성향을 분석했다. 연수원에서 경비를 이미 지급해서 모두 응해야 한다며 개인정보를 검사하는 회사에 넘기는 데 동의하라고 했다. 아니, 연수원은 도대체 무슨 권한으로 연수생의 의사도 묻지 않은 채 이 회사의 자기 성향 분석 틀 사용을 결정했는지, 인권 감수성과 개인정보 보호 의지에 의문을 남겼다. 분위기가 나의 의문과는 달라서 순순히 따랐으나 내 정보가 이 회사에 의해 어떻게 사용될지 몰라서 걱정되었다. 이 회사 분석 틀에 의해 내 성향이 이 회사에 고스란히 남아 있을 텐데 — 고객에게 제공하고 영구히 삭제한다는 말도 없었고 내가 그 말을 못 들었다곤 하더라도 그 말을 믿지 않는다 —, 그게 어떤 용도로 사용될지 아니면 이미 사용되고 있는지 알 수 없다.

성향 분석 틀을 온라인으로 지루하게 하면서 결과를 머리에 그리고 있었다. 결론지은 대로 답을 했더니 결과도 그랬다. 분석 결과를 분석하고 설명하는 강사가 조작할 수 없는 틀이라고 강조했지만, 나는 조작까진 모르겠고 결과를 오염시킬 수 있음을 확인했다.

분임 토의에서 분임원이 내 성향과 결과가 똑같이 나왔다길래 사실은 이런 결과가 나오기를 바라며 답했다고 했더니 말이 없었다. 그러면서 덧붙였다. MBTI를 비롯한 여럿의 자기 성향 분석 검사로, 내가 대충 이런 성향을 가지고 있구나, 하는 정도여야지 그 결과에 나를 맞추는 것은 옳지 않다고 했다. 더군다나 내가 이런 성향이어서 이런 행동을 한다는 식으로 매사 자기를 합리화하는 수단으로 삼는 것을 경계해야 한다고, 얌전하게 말했다.

분임 활동과 조별 활동

분임 활동과 조별 활동이 연수에 포함되어 있었다. 굳이 둘을 구분한다면 분임 활동은 탐구 보고서를 작성하여 발표하고, 조별 활동은 단순 탐방과 일시적인 활동을 위한 작은 모음으로 조별 보고서는 없고 개인별로 간단하게 보고서를 작성하여 제출한다.

실제적인 큰 차이는 분임 활동은 점수에 포함되고, 조별 활동은 그렇지 않다. 분임장과 발표자는 가산점 1점을 더 받으나 조별 활동의 조장과 보조자에게는 가산점이 없다.

분임 활동은 연수원이 제시한 여러 주제 중 하나를 선택하여 탐구하는 분임과 해외 체험교육을 위한 분임이 있다.

조별 활동은 미래교육현장 탐방과 학교경영 코칭 — 멘토 교장 방문 — 은 오롯이 조별 활동이고, 국가정책 연수와 일부 강의의 한 부분이다.

나는 분임장이자 발표자의 역할을 하고 싶었다. 두 연수자에게 가산점이 주어지니 역할은 두 개 다 하면서 한 사람에겐 역할을 덜 주고 가산점을 받을 수 있게 한다면 불만이 없겠다, 싶었다. 내가 그러려고 한 이유는 학교의 현실을 반영한 실천이 가능한 결론을 도출하고 싶었고, 더불어 틀에 박힌 고리타

분한 교육계의 보고서와 발표 방법에서 벗어나고 싶었다.

표와 그래프만 화려하고, 내용은 저기 있는 것을 여기에 옮겨놓은 자기 표절과 자기도취에 잔뜩 빠진 감정적인 단어로 가득한 매너리즘 보고서, 화려한 그래픽을 우선하는 정형화된 프레젠테이션에서 벗어나자는 주장을 실행하고 싶었다.

정말 정말 애석하게도 그렇게 하지 못했다. 이번 연수에서 제일 아쉬운 부분이다.

우리 학교 교장 선생님의 8월 31일 자 정년퇴직으로 교장 공모를 추진해야 했다. 분임 활동과 겹칠 가능성이 상당했고, 실제로 분임의 장과 발표자를 뽑는 날 학교에서 교장 공모 추진 상황을 알려왔다.

연수받으러 오며 교무부장에게 교직원과 학부모의 설문 조사와 결과를 취합하여 학교운영위원회 심의까지만 부탁했다. 만약 도교육청이 교장 공모제 추진을 알려오면 연수 중이지만 내가 추진하겠다고 했다. 나는 여러 번 교장 공모제를 추진해 봐서 연수 중이라는 제약 말고는 큰 부담이 되지 않았지만, 교무부장은 생전 처음으로 그것도 교장을 뽑는다는 게 여간 부담스럽지 않을 것이기 때문이었다. 그리고 연수받는 내게 매번 도움을 구하는 전화할 게 뻔한데, 그럴 바에야 내가 하는 것이 속 편하다는 판단이었다.

교직원 모두가 교장 공모를 압도적으로 반대하는데, 학부모는 찬성이 많고 몇 분이 교장 공모를 추진하려고 벼르고 있다는 연락이 왔다.

교직원들이 꼭 공모 교장이 싫으면 학교운영위원회 심의할 때 논리적으로 설득하라고 했다. 하기 싫으면서 학교운영위원의 의견에 반대하는 게 꺼림직해서 가만히 있으면 하기 싫은 것 억지로 해야만 하고, 만약 논리적으로 설득했는데도 다수가 따르지 않는다면 어쩔 수 없이 추진해야 한다고 했다. 그것도 교직 생활의 큰 경험이고 성장의 계기가 될 수 있다고 했다. 우리가 아무리 옳아도 제도를 이길 수 없다고 했다. 그래서 그런 제도가 만들어질 때 우리의 의견을 강력하게 제시해야 한다고 강조했다.

다행히 우리 학교는 공모 교장을 추진할 필요가 없음을 잘 설득하여 추진하지 않게 되었다. 그럴 줄 알았으면 분임장이나 발표자를 하는 것이었는데, 실제로 나를 추천하는 분임원들이 있었다.

교장 공모 추진을 강력하게 희망한 학부모의 주장 근거가 거짓으로 알려지고, 교직원이 압도적으로 반대한 이유가 확실하게 있을 것이라며, 그 이유를 경청하게 한 운영위원장의 노련한 운영, 확실한 이유를 단호하게 주장한 교원 위원 덕분으로 공모 교장을 추진하지 않게 되어서 잘되었지만, 학부모에게 어처구니없는 거짓 정보를 제공한 사람이 퇴직 교원이었다는 것이 더 황당했다.

나는 지금도 학교를 다 안다고 생각하지 않지만, 교장으로 무사히 퇴직하더라도 그럴 것이라고 확신한다. 퇴직해서, 마치 내가 학교의 전부를 아는 양 여기저기 떠들고 다니거나 훈수 두며 학교를 힘들게 하지 않을 것이다. 그때까지 학교와 교육에 대한 열정이 남아 있으면 정말로, 학생을 위하는 교육부가 되도록 다양한 글을 쓰며 학교를 지원할 것이다.

해외 교육 체험연수

경상남도교육청은 초등 교장 자격연수는 경남교육연수원에서 실시하고 해외 교육 체험연수는 교원대학교 종합교육연수원에 위탁한다. 이러한 배경을 내가 아는 대로 설명하면, 서울특별시교육청을 제외한 시도교육청은 코로나19 대유행 이전에는 초·

중등 교(원)장 자격연수를 한국교원대학교 종합교육연수원에 위탁했다고 한다. 코로나19 대유행으로 집합(대면) 연수의 불가능으로 인하여 시도교육청이 비대면 연수를 실시했고, 코로나19 대유행이 종식되면서 다른 시도교육청은 원래대로 한국교원대학교 종합교육연수원에 위탁했고, 경상남도교육청만이 유일하게 남았다고 한다. 해외 교육 체험연수만은 위탁하고.

그래서 경상남도교육청 연수생은 1기와 2기로 나뉘어, 한국교원대학교 종합교육연수원의 해외 교육 체험 연수 기수와 섞인다. 같은 국가를 함께 가는 다른 시도교육청의 연수생과 섞여서 팀을 이룬다.

나라 선택의 기본은 희망이지만 경쟁이 치열한 나라는 적당한 기준으로 강제 배정한 것으로 안다.

내 경우는 해외 교육 체험 나라는 독일이었고, 한국교원대학교 종합교육연수원 초등 교장 자격연수 3차, 해외 교육 체험 1기의 초등 1단 4팀이었다. 우리 팀은 경상북도교육청 1명, 경상남도교육청 1명, 전라북도교육청 1명, 제주특별자치도교육청 1명, 강원도교육청 1명으로 전체 5명이었다. 1단 4팀의 의미는 현지 탑승 버스 1호차의 4번째 팀이다.

해외 교육 체험연수 내용은 교육기관 방문 및 협의회, 문화탐방, 창의적 체험활동 등이고, 팀별로 움직이는 게 기본이고, 팀별 보고서를 반드시 제출해야 하는데 경상남도교육청 연수생은 다른 양식으로 연수원에 한 번 더 제출하고 발표회도 한다. 발표자에게는 가산점이 주어지지만, 나는 의미 없는 발표에 가산점을 준다는 게 불만이었다. 내 주변 연수생들은 다 그랬다.

나는 초등 교장 자격연수에 해외 교육 체험연수를 제외해야 한다는 주장에, 단순 외유가 아님을 증명하기 위해 보고서 외 별도의 기행문을 써서 큰 호응을 받았다.

우리 팀은 연수를 다녀와서 정기적인 모임을 하고 있으며, 나를 제외한 4명은 한국교원대학교 종합교육연수원에서 세 번의 모임으로 우의를 다졌고, 나는 그들을 만나러 '오송읍'을 한 번 다녀왔다.

경상남도교육청만 따로 초등 교장 자격연수를 하므로 해외 교육 체험을 위한 사전 연수 참석을 위해 한국교원대학교를 방문해야 하고 무엇보다 사전 교감이 없는 상태에서 다른 시도교육청 연수생과 해외 교육 체험을 하는 게 부담스러웠다. 이런 부담은 해외 교육 체험에까지 영향을 끼쳤고, 연수 이후에는 헤어지기 때문에, 대부분 팀이 하는 추억 공유와 친목 도모, 시도교육청의 정보 교환을 위한 정기 모임에 경상남도교육청 연수생은 끼지 못했다. 내가 '오송읍'에 우리 팀을 만나러 간 것도 모처럼 찾아온 인적 네트워크를 잃고 싶지 않은 개인적인 바람이 커서였다.

벌써 '형, 동생'하며 우리 팀을 만날 날을 상상하니 설렌다.

그곳에도 아까시나무꽃이 있었다

— 2024. 교장 자격 해외 교육(독일) 체험연수 기행문

내가 이토록 교장을 갈망했던가

1.

언제의 해외여행이 마지막이었는지 언뜻 기억나지 않았다. 언제부턴가 해외여행에 대한 기대가 사라져 ─ 아마 책을 읽고 글을 쓰기 시작하면서 여기저기 돌아다니기보다 한곳에 머물며 책을 읽고 생각을 정리하여 글을 쓰는 게 익숙해서 이번 초등 교장 자격연수 중의 국외 체험연수 역시 설렘이 없었다. 마음 같아선 가까운 일본에 가서 일정이 어떻든 푹 쉬고 싶은 마음도 있었다. 특별한 사유가 있어야 가능한 일본 체험연수지만 큰 덩치에 어울리지 않는 극도의 고소공포증으로 비행기 타는 게 여간 힘들지 않고, 재작년에 망막 분리가 일어나서 눈 수술한 뒤로 보는 게 자연스럽지 않은 사정은 특별한 사유에 해당할 것 같았다.

"상백아 축하한다. 그래, 국외 체험은 어디로 갈 거야?"

"형님 고맙습니다. 그냥 일본이나 다녀올까 합니다."

"이번 참에 유럽이나, 참 내 생각에는 너와 독일이 잘 어울릴 것 같은데......"

"환경교육이나 철학에 관심이 있어서 생각은 있는데 형님도 알다시피 고소공포증에다 눈이 안 좋아서 좀 망설여집니다."

"여보! 짐 안 싸요?"

"짐이랄 게 뭐 있나. 천천히 쌀게."

"평소와 다르게 왜 그렇게 방에서 뭉그적거려요? 캐리어 내놓았으니까 얼른 짐이나 싸요!"

"인천공항 가는 차 시간이 한참이나 남았는데 뭐가 급하다고....... 알았어!"

아내가 인천공항 가는 버스 정류장까지 바래다주었다. 장장 4시간을 버스를 타고 가야 한다. 4시간을 타고 가서도 1시간 남짓 기다려야 한다. 남부 지방에서 인천공항 가는 게 여간 힘들지 않다. 비행기 타는 시간보다 공항까지 가는 시간이 더 많이 걸리는 경우도 있다.

새벽 1시쯤에 정류장에 도착했는데 나처럼 새벽 1시 25분 버스를 타야 하는 사람들이 이미 많이 와 있었다.

내 캐리어를 흘끗거리는 점퍼 입은 중년의 남자가 자꾸 거슬렸다. 나를 아는 사람인가 싶어서 그 사람 얼굴을 빤히 쳐다봤는데도 그 사람은 내 캐리어만 자꾸 보았다. 도대체 왜 저럴까 싶어서 그 사람의 시선을 따라갔더니 자기 캐리어와 내 캐리어의 색깔이 노랑이었다. 나도 헷갈리면 안 되겠다는 심산으로 두 캐리어의 모양을 살피며 구분하기 시작했다. 다행스럽게 내 캐리어의 홈은 세로고 그 사람 것은 가로였다. 그리고 내 것의 홈이 더 깊었다. 일부러 그 사람의 캐리어 옆으로 내 캐리어를 갖다 댔다. 구분되었는지 내 행동이 부담스러웠는지 얼른 자기 쪽으로 캐리어를 당겼다.

차를 탄 후 잠을 이루지 못하다가 인천공항 가까이 가서 곯아떨어지고 말았다. 공항에 도착했다는 스피커를 찢는 듯한 버스 기사의 날카로운 안내에 벌떡 일어나 내려서는 그 캐리어를 신경 쓰며 내 노랑 캐리어를 챙겼다. 황급히 일어나 캐리어는 잘 챙겼는데 눈꺼풀을 걷어 올리는 게 여간 힘들지 않아서 제자리에서 고개를 돌리고 눈을 억지로 껌벅거리며 잠을 쫓은 뒤에 일행이 모이기로 약속한 장소로 갔다.

먼저 온 일행들과 반갑게 인사하고 국내 가이드의 안내에 따라서 셀프 탑승과 수하물 보내기 절차를 밟고 출국 심사와 보안 검색대를 통과했다. 나이가 드니

작은 화면을 보며 혼자서 출국 준비하는 게 여간 부담이 되지 않았다. 줄지어 서 있는 사람들을 보니 더 다급해져서 화면을 여러 번 터치하게 되었다. 나름대로 얼리어답터였는데 나에게 이런 부담이 찾아올 줄은 꿈에서라도 상상하지 않았다. 하기야 키오스크를 염두에 두지 않아서 직접 주문하는 나에게 손가락으로 키오스크를 가리키다가 내 생김새를 보곤 멋쩍게 웃으며 주문을 받으려는 점원에게, 미처 키오스크를 보지 못했다며 키오스크로 주문했던 게 한두 번이었던가.

면세점으로 곧바로 달려가 눈에 봐 둔 손목시계를 꼼꼼히 확인하여 사고는 책을 읽으며 탑승 시각을 기다렸다.

좁은 비행기 의자에 앉아서, 그것도 창가 쪽 의자에 앉아서 화장실이라도 가려면 거친 물살이 넘실대는 위태로운 징검다리보다 더 조심스럽게 두 사람의 장애물 건너야 한다는 부담감은 13시간을 넘어섰다.

다행스럽게 연인인 듯한, 피부색만으론 외국인으로 추정되는 두 사람의 친절로 위태로운 징검다리가 조심스러운 오솔길로 여겨졌다. 그러나 돌아오는 비행기에서는 위태로운 징검다리에 인위적인 장애물까지 설치되어 있어서 비행기에서 내리자마자 화장실로 달려가야 했다.

하늘에서 내려다본 프랑크푸르트 주변은 제주도 중산간 황토밭에서 감자 캐는 장면을 떠올리게 했다.

버스 창문 너머의 가로수를 비롯한 나무와 풀꽃의 생김새는 우리나라의 그것과 너무나 닮았고, 가는 곳곳마다 흐드러지게 핀 연분홍 찔레꽃과 어느 폐업한 식당 앞의 향기 짙은 등나무꽃 커튼은 우리나라의 4월이었다.

현지 가이드의 말로는 박정희 정권 시절 우리나라 초창기 산림 녹화를 독일인이 해서 독일의 나무가 우리나라에 대거 심겼다고 했다. 아카시아로 불리는 아까시나무가 대표적인데, 전쟁과 땔감을 위한 무분별한 벌목으로 벌거벗겨진 산의 토양 유실을 막는 게 급선무여서 뿌리가 발달하여 흙을 잡아주는 아까시나무를 많이 심었다고 했다. 프랑크푸르트 도로변 군데군데에 꽃을 피운 아까시나무를 보며, 우리나라 사람이 유독 오해하는 나무가 아까시나무인데 정말 억울하겠다고 생각했다.

어릴 적 아버지 따라 아까시나무로 땔감을 장만하려다가 가시에 찔리고 긁힌 경험과 달콤한 아까시나무 꽃전과 아까시나무꽃 색깔의 막걸리가 생각났다.

저녁은 소시지가 생각했던 것보다 너무 작아서 실망했다. 음식이 짜서 가이드가 맥주를 권했으나 첫날 첫 끼부터 술을 입에 대는 게 부담스러워서 풍성한 샐러드로 중화했다.

호텔은 그냥 그랬다. 교장 대우를 해 준 것 같지 않았다. 원룸에 침대 두 개를 갖다넣은 좁은 공간을 생활 양식이 다른 두 사람이 사용하는 불편으로 책 읽고 글 쓰는 일상을 잇는 게 힘들었다.

아무튼 독일에 있는 동안은 현지 가이드가 말한 환경을 생각하여 물과 에너지, 일회용품을 잘 사용하지 않는 독일 사람처럼 생활하기로 작정했다.

그리고 우리나라를 독일과 맥락 없이 비교하여 독일이 우세하다는 무비판적이며 성급한 판단보다 독일은 왜 그렇게 하는지? 그래서 독일은 어떻게 하는지를 살펴보고 깨닫는 공부를 하겠다고 결심했다.

2.

밤새 같은 방에서 생활하는 선배와 번갈아 가며 뒤척였다.

에스프레소가 아주 맛있어서 거친 빵과 함께 아침으로 먹었다. 이 호텔에 계속 머물 것이어서 매일 아침 에스프레소와 빵 먹을 생각으로 시차 적응의 피곤을 잠시 잊었다.

현지 가이드의 입담이 참 좋았다. 비 오는 날씨를 달래주려고 애쓰며, 독일 날씨가 비가 자주 와서 바깥 활동이 어려우니 집에서 생각하는 시간을 많이 가질 수밖에 없어서 독일에서 철학자가 많이 나왔다고 너스레를 떨었다. 여기까지만 하면 좋았을 텐데, 자기도 아직 된 게 없는 마당에 자기 아들더러 무엇이 되라는 말은 하지 않는다며 이게 독일 사람들의 교육관이라며 주저리주저리 했다.

프랑크푸르트는 독일의 거의 가운데로 무역, 금융의 중심지이며 코로나19 이후로 독일 경제가 정말 잘 돌아가서 실업률이 3% — 거의 완전고용 — 이내인데 이러다 보니 많은 외국 노동자 유입에 따른 문제가 발생하고 있다. 예를 들면 우리 버스 운전기사만 하더라도 프랑크푸르트가 생소해서 내비게이션에 절대적으로 의지하는데, 내비게이션 이용 방법과 교통신호 체계, 교통문화 등이 익숙하지 않아서 현지 가이드가 길 안내하랴 우리에게 설명하랴 바빴다.

앞에 작은 무대가 있는 학교 공간에 가운데 넓게 비운 사각형 모양으로 책걸상을 배치했고, 한쪽 벽면의 작은 탁자 두 개 위에 유리병과 유리컵, 과자, 탄산수, 커피를 준비하고 있었다. 커피를 날름 한 잔 따라서 맛보았는데 기분 탓인지 남달랐다.

교장이 학교 전반을 소개했다.

- 학교에서 소비하는 에너지보다 생산하는 에너지가 많은 패시브 구조의 학교다. 그래서 전등도 일정한 시간이 지나면 사람이 있든 없든 꺼지게 되어 있다. 실제로 간담회 중간에 전등이 여러 번 꺼졌다.

- 우리나라 명칭을 빌리면 45개 언어를 사용하는 다문화 학생으로 구성되어 있고, 학교는 오전 수업만 하고 청소년의 집과 유치원이 오후 방과 후를 위해 함께 있다.

- 얼마 전 이 지역에 폭우 피해를 심하게 입어서 복구하느라 학부모가 오늘 함께 참여할 수 없게 된 걸 여러 번 사과했는데 중간에 학교에 봉사활동을 하러 온 학부모가 참여해서 이야기를 잘 나누었다.

- 프랑스와 여름학기에 홈스테이 방식으로 교환학교를 운영하고 있다.

- 외부 전문가를 활용해 재즈와 악기를 익히며, 4학년은 학교에서 마련한 일정한 인터넷 소양을 성취하면 인터넷을 할 수 있는 인터넷 면허증을 발급한다. 학생이 스마트폰을 다 가지고 있어서 실효성이 있는지는 의문이었다.

- 학부모 후원금으로 4년마다 학생들이 서커스 기술을 전문가에게 직접 배워서 학부모에게 운동장에서 공연한다. 무척 힘들어한다.

- 8시 등교해서 늦어도 오후 1시에 학교 수업은 끝나며 90% 이상이 놀이 중심의 방과후학교를 한 후 오후 5시에 귀가한다. 학원

과 과외는 없다.

- 통학구역은 지정되어 있고 학생 대부분은 걸어서 다닌다.

- 학교 건물은 연방 정부에서 건축했고 주 정부가 운영하며 건물 관리와 운영 예산도 엄격하게 분리해서 집행한다,

- 이 초등학교 입학 1년 6개월 전에 독일어를 테스트한 후 1년 동안 수준별로 독일어를 배우며 정규과정은 아니며 유치원과 병행한다.

- 독일 역시 학교폭력이 발생하며 우리처럼 가정환경이 문제인 경우가 많아서 가정과 연계 지도를 강조한다.

- 코로나19 대유행 때는 우리와 비슷하게 학교를 운영했다는데, 유치원 교육을 받지 않은 학생의 발달이 더디어서 체육 수업이 어렵다. 학교 내 복지사를 활용하여 더딘 학생을 교정하고 있으나 더딤이 지나친 학생은 외부 기관과 연계 지도하고 있다.

- 3학년, 1년은 복지사 과정을 운영하여 학생의 어려움을 알아내려고 노력한다.

- 학생과 담임이 함께 일주일에 한 번 자치활동을 하고, 전교생 자치활동은 두 달에 한 번 운영한다. 운영 방식은 우리와 비슷했다.

- 교직원이 일으키는 민원은 민원 당사자가 반드시 참여하여 함께 해결한다. 누군가의 문제가 아닌 우리의 문제로 여긴다.

간담회를 마치고 교실 수업을 견학했다. 3학년 학생 19명인 반과 21명인 반의 학급 규칙 정하기 수업이었다. 수업의 큰 특징은 없었다.

복도에서 교실로 들어가는 문 옆에 학습 더딤 학생을 지도하는 작은 방에서 시 소속의 외부 지원 인력이 학생을 지도하고 있었다.

사각형 교실, 복도 쪽의 높은 수납장, 창가 쪽과 뒤쪽은 낮은 수납장과 위에는 학습 준비물과 학생 산출물이 자유롭게 전시되어 있었다. 그 외 다양한 학생 산출물들은 줄에 주렁주렁 매달려 있었는데 산만했다. 교실 앞은 칠판과 교수용 큰 괘도, 그 옆으로 세면대와 그 위에 종이수건 통이 설치되어 있었고, 소박한 컴퓨터가 교사 책상 위에 놓여 있었다.

처음 건물을 지었을 때의 구조물 외에는 안전을 위해 별도로 부착한 구조물은 없었으며, 복도의 벽면에는 학생 산출물이 질서 없이 붙어 있었으며, 정보기기는 턱없이 부족했다.

학생들이 손으로 조작하는 활동실이 있어서 공작실, 미술실, 방과후교실 등으로 활용하고 있었다. 누군가가 공작 기구 사용으로 학생 안전이 걱정된다고 했더니 교육과 안전 사이에서 갈등은 하지만, 교육을 보다 더 우선한다고 했다. 장애 학생은 일대일로 지도하며, 학교 급식은 무상은 아니고 부모 소득에 따라 차등 납부하며, 나머지는 학교와 방과후학교 지원 센터에서 공동 부담한다고 했다.

교실과 특별실, 급식소를 둘러본 뒤에 학생, 교원, 학부모와 대화를 나누었다.

독일은 대학 전공 교사 수가 매우 부족하며, 교사는 일주일에 28.5시간 교대학생은 30시간 정도 수업하며, 3~4년마다 하는 교사 평가로 등급 — 등급이 오른다고 다른 혜택은 없고 월급이 오른다고 했다. — 이 오르고, 3~4년 후에 정식 교사가 되면 평생 한 학교에서 교사 공무원으로 재직할 수 있으며, 원하는 경우 다른 학교에 지원할 수 있으며, 수업 외 수업 준비를 위한 업무가 많아 다소 불만이라고 했다.

알고는 있었지만, 소득만큼 세금을 내고 혜택은 차별 없는 평등 교육을 지향하며, 약자에 대한 지원과 배려가 불만이면 약자가 되어서 혜택을 더 받으면 되지 않겠느냐는 약자가 아닌 걸 감사히 여기는 사회적 정서가 부러웠다.

더불어 각 나라의 교육제도는 그 나라 환경의 영향으로 발달했음을 확인하는 시간이었다.

우리 학교 특수학급 학생들이 세계 책과 저작권의 날을 맞이해 제작한 북클립을 통역하여 학생 대표 두 명에게 전달했더니 아주 좋아했다.

오후에는 일종의 대안학교인 헤르만 헤세 교육센터 교장의 특강을 들었다. 약물중독 학생 치유 및 학력 회복과 진로 안내가 주요 내용이었다.

15~35세의 106명 학생이 가족같이 생활하며 입학 전의 학력에 따라 다르게 공부한 후에 이에 걸맞은 상급 학교에 진학하거나 직업 안내를 받는다고 했다. 입학 시에 사회복지사의 지원이 중요한 역할을 하며, 학생들의 만족도가 아주 높으며 얀 교장은 일주일에 독일어를 10시간 수업하며, 주요 언론에 성공적인 학교 사례로 소개된 자료를 보여주었다.

원하는 학생은 일찍 등교하여 수업 전에 가벼운 다과로 친교 활동을 할 수 있다고 했다.

사회적 편견으로 졸업생들이 불이익을 받을까 봐 졸업장엔 헤르만 헤세 학교 이름이 없다고 했다.

저녁 식사를 하며 연수생끼리 가벼운 대화를 나누었는데 처음부터 끝까지 등을 돌려 앉은 사람의 무례가 거슬렸다. 세상을 살아보니 어딜 가도 이런 사람이 꼭 있더라.

독일 맥주는 "그래! 이 맛이야!"할 정도는 아니었다. 우리나라의 맛있다는 수제 맥주 정도랄까.

3.

어제 오후 특강을 마치고 버스를 기다리는 중에 사립초 교장 선생님이 코로나19 대유행이 종료되었는데도 경남교육청은 왜 교원대학교에 교장 자격연수를 다시 위탁 운영하지 않는지를 물어왔다.

경상남도교육청 단독으로 운영하는 교장 자격연수의 만족도가 매우 높다는 경상남도교육청과 경상남도교육청 교육연수원의 평가와는 다르게 연수생은 교원대학교에 다시 위탁 운영하기를 바라는 의견이 많다고 했다. 이런 의견이 왜 제대로 반영이 안 되는지에 대한 여러 설도 난무한다고 했다.

경상남도교육청은 교장 자격연수 중 국외 체험연수만을 교원대학교에 위탁·운영한다. 따라서 함께 온 연수생은 국외 체험연수를 마친 후에도 교원대학교에서 함께 연수를 하고, 경남교육청 소속 연수생은 짧은 국외 체험연수 동안에만 함께 한다. 국외 체험연수는 정보 교환을 위해 전국의 연수생을 골고루 섞어서 1단과 2단, 각 단은 몇 팀으로 나누어 운영한다. 각 팀은 교육청별로 고르게 연수생을 구성한다. 그리고 교육청별로 뭉쳐 다니는 걸 방지하기 위해 팀 단위의 활동을 강권한다. 지키지 않을 인솔 책임 단장이 엄중히 경고하는데 독일이 아닌 다른 지역으로 체험 연수를 간 어느 교육청에서 이를 지키지 않아 빈축을 샀다는 말을 들었다.

국외에서 짧은 기간이지만 팀을 이루어 활동했으니 그 돈독함이 오죽하겠는가? 그리고 그 돈독함을 교원대학교 연수로 이어갈 수 있다는 부푼 기대는 짐작이 가지 않는가? 그런데 경남교육청 연수생이 소속된 팀은 기대보다는 더 이상 함께 할 수 없다는 아쉬움을 전제해야 해서 멜랑꼴리한 분위기가 엿보인다. 경남교육청 소속인 나는 이런 분위기 속에서 연수생들과 스스럼없이 지내기가 부담스러웠다.

에스프레소 2샷을 담은 잔과 거친 빵을 얹은 쟁반을 들고 앉을 자리를 찾고 있는데 사립초 교장 선생님이 손을 흔들며 자리를 건넸다. 일반적인 사립초의 현실을 아쉬워하며 여느 사립초 교장과는 다른 교장 역할을 하고 싶다고 했다. 그 뒤에도 몇 번의 아침 식사 자리와 체험 중에 가볍게 만났는데 그때마다 이런 뜻을 강하게 내비쳐서 그동안의 고생을 짐작할 수 있었다. 원하는 대로 좋은 교장 선생님이 되기를 바랐다.

카를 프리드리히 벤츠가 최초로 자동차를 만든 도시인 만하임의 학교를 방문했다. 자전거도 이 도시에서 최초로 만들었다고 한다.

학교장이 소박한 독일 빵과 커피, 주스를 차려 놓고 식당으로 추정되는 공간에서 학교를 소개했다.

- 오전 8시부터 오후 4시까지 종일 운영하는
  시범학교다.

- 현재 학생은 400명이며 매년 100명의 학생이
  입학할 예정이고, 학년군 — 1·2학년, 3·4학
  년 5·6학년 — 으로 교육과정을 운영한다.

- 교육공동체가 수평적으로 함께 만들어 가
  는 학교이며 학생이 결정하는 수업(과목)이
  있고, 학교생활과 가정생활의 융합을 시도
  하고 있다.

- 전통적으로 오전만 운영하는 학교에서 벗
  어난 새로운 법안으로 모든 계층에 동등한
  교육 기회를 제공하려는 첫 시도이므로 지
  원과 환경이 부족하다. 이런 모든 상황이
  교장 자신에겐 새롭고 힘든 도전이다.

- 교사는 학생에게 공부하고 싶은 욕구를 꾸준히 제공하고 학생이 주도하는 수업을 이상적인 수업으로 규정하고 학생 실수를 성장의 계기로 마련하려고 노력한다.

- 학생들이 주도적으로 교실 환경을 구성하고 규칙을 정하는 교육활동을 강조한다.

- 이민 가정이 많아 독일어 교육을 중요하게 다루고, 환경보호와 지속가능성 교육에 대한 외부의 요구가 많아 교직원이 힘들어한다.

- 4개의 반(약 100명)이 하나의 가족적인 분위기의 클러스터로 프로젝트 수업을 한다. 클러스터 단위의 원만한 수업을 위해서 교직원의 전문성 신장이 제일 중요하므로 이를 위한 교직원의 다양한 모임이 있고, 신규 교직

원을 위한 멘토 시스템을 도입했다. 클러스터 팀장은 매해 학교 교육 콘셉트를 정한다.

- 시 당국은 종일 학교 운영을 위한 학교 내·외적인 수업 지원 체제와 일반화 모델을 개발하여 일반 학교에 보급하도록 꾸준히 요구하고 있다. 이를 위해 50개 정도의 활동을 동시에 진행하여 모델을 찾고 있다. 교직원은 힘들어하는데, 학교장의 확고한 의지와 적극적인 소통으로 교직원의 열정과 전문성을 이끌고 있다.

이후 수업을 참관했다. 학생들의 말과 움직임이 무척 자유로워서 한참을 지켜보았는데 정해진 학습 규칙은 잘 지켰다. 수업 공개 후의 즉흥 간담회에서 이민자 자녀가 많아서 의사소통의 어려움이 많고 이 학교는 취학 전 독일어 교육과정은 없다고 했다.

학생 평가 질문을 했는데 금기시하는 질문을 한 것처럼 과민 반응하는 연수자가 있어서 불쾌했다. 독일 교사는 수업 시간에도 여러 가지 방법으로 확인하고 일제 고사로도 성취 수준을 확인한다고 했다. 1학년은 학교생활 적응과 규칙 준수 중심으로 서술하여 가정에 통지한다고 했다. 우리는 지나치게 평가를 부정적으로 바라본다. 교육에서 평가는 정말 중요해서 꼭 필요하다. 다만 제대로 해야 한다는 것이다.

학생 스스로 하는 등하교를 강조한다고 했는데 독일만의 특징처럼 여겨졌고 교문 주변에는 학생들이 타고 온 자전거가 더미로 있었다.

하이델베르크 오후 문화 체험을 위해 버스를 기다리는 동안 다른 교육청의 두 연수자와 혁신학교에 대해 목적 없이 짧게 이야기를 나누었다. 두 분 다 단호하게 혁신학교는 실패했다고 했다. 혁신학교 주도자들의 자기 주도성 회피 ― 솔선수범 ―, 학생들의 성장을 위한 꼼꼼한 교육활동보다 지원 예산으로 학생과 학부모에게 인기부터 얻으려는 선심성 교육활동 선호에 따른 전문성 저하와 도덕적 해이, 아니면 말고 식의 책임감 부족, 일반화를 위한 포용성 부족, 무엇보다 자기도취의 전문성에 흠뻑 빠져서 학생 학력 저하를 인지하지 못하는 걸 원인으로 꼽았다.

어제의 문화 체험도 그랬지만, 오후의 하이델베르크 문화 체험도 하이델베르크성에서 내려다본 네카어강과 어우러진 하이델베르크의 풍광 말곤 남다른 감흥이 일지 않았다. 즐기지 않았다는 말은 아니다.
가이드의 설명을 듣는 동안 건너편의 비탈진 철학자의 길을 걷고 싶다는 충동이 불쑥 올라와서, 가이드를 곤란하게 할 게 분명한 철학자의 길을 걸으러 가겠다는 말을 억누르느라 애썼다.
하이델베르크는 마르틴 루터의 종교 개혁지이기도 하다.

4

새벽에 잠이 깨서는 다시 잠들지 못했다. 가져온 책을 읽으려 머리맡의 독서 등을 켜니 옆 침대에서 잠자는 선배의 얼굴을 환하게 비추어 얼른 껐다. 책을 들고 로비로 나갈까, 화장실로 갈까 하고 생각만 하는 사이에 얽혀 있던 생각이 정리되어 얼른 스마트폰에 옮겨 썼다.

기후 위기를 대처하는 독일 국민의 태도는 내가 생각했던 것처럼 강하지 않았다. 우리나라의 환경 실천 정도랄까? 우리나라 환경운동가의 실천이 더 강할 것 같기도 했다.

학교의 실천 정도도 자전거 타고 등하교, 물 아끼기, 쓰레기 분리배출, 에너지 절약형 구조, 창문 활용을 효율적으로 하여 냉난방 에너지 절약 등이고 학교를 비롯한 화장실 대부분에는 종이수건과 손 건조기가 설치되어 있었다. 종이수건은 재생 종이인지 친환경적인 방법으로 만들었는지 모르겠으나 물이 잘 스며들고 기분 좋게 거칠었다. 기후 위기에 대처하기 위한 불편한 실천이 몸에 배어있지만 완벽하진 않았다.

독일 학교의 정보화기기는 매우 부족했고 꾸준히 요청해도 지원이 원만하지 않다고 했다. 돈이 없어서 그러지는 않을 것 같은데 초등학교 교육에 정보화기기의 필요성을 덜 느껴서 그럴 것이라는 게 나의 바람이었다.

교육환경은 안전해야 한다. 그러나 안전 결벽증 강박으로 도전성과 창의적인 행동을 제한해선 안 된다. 독일의 학교 안과 놀이 기구를 우리의 안전 기준으로 살펴보면 학생들이 위험을 감지하면서 이용할 수 있도록 조금 헐렁하다. 이를 염두에 둔 의도적인 설계인지 사회 분위기가 그런 건지는 알 수 없지만 우리가 참고할 만한 가치가 있다.

둘째 날에 방문한 첫 학교인 리젤 외스트라이허 학생 대표에게 부모님이 도전적인 태도를 장려하는지 안전을 먼저 강조하는지를 물었더니 모범적인 대답, 위험하지 않은 범위에서 허용적이라고 했다. 우리나라의 구체적인 사례로 한 번 더 물어보려 했는데 통역사에게 깔끔한 문장으로 전달할 수 없었고, 내 질문이 동의를 얻지 못하는 분위기여서 다른 연수생이 질문하도록 입을 닫았다.

안전과 안전 교육을 어떤 이들처럼 왜 위험한데 감지하지 못했느냐며 위험을 조장했거나 이를 적절히 관리하지 못한 이들의 잘못을 따지기보다 피해자의 잘못으로 돌리는 것에 분명하게 분노한다.

같은 맥락으로 책임과 보상과 배상을 회피하기 위한 위험성 제로를 추구하는 안전 교육보다 안전과 안전 교육은 사람을 위한 윤리의 여부가 책임의 핵

심이라고 주장한다.

첫날부터 현지 가이드의 입담이 장난이 아니다. 아침 식사를 하고 차에 올라 가벼운 인사와 인원 점검과 일과 안내 후엔 여지없이 본인의 장황한 개똥철학 강의를 시작했다. 철학, 이념, 세상 이치를 자신의 공부 경험과 정서로 거침없이 싹둑싹둑 잘라냈다. 잘린 토막엔 명백한 거짓, 토론 거리, 본인의 수입을 위해 우리의 무지를 이용한 짜맞춘 가짜 정보도 포함되어 있었다. 나에겐 현지 가이드의 개똥철학 강의가 고역이었다.

요즘 들어 먼지가 섞여 있다고는 하나 공기가 깨끗했다. 비를 맞은 안경이 얼룩지지 않았다. 웬만하면 비를 맞고 걷거나 자전거와 오토바이 타는 걸 이해했다.

오전에 팀별로 마인츠의 구텐베르크 박물관, 마

인츠 대성당, 마인츠 시장 광장, 성 슈테판 성당을 구경했다. 구텐베르크 박물관은 내가 상상한 그대로여서 현지 가이드의 장황한 설명만큼 대단해 보이지도 않았고 한국어 오디오 설명 기기도 특별히 지적 호기심을 자극하지 않았다.

마인츠 대성당의 파이프오르간에 꽂혀서 위아래를 한참 동안 훑으며 울림을 상상했다. 성 슈테판 성당의 마크 샤갈의 스테인드글라스는 사진으로 남겼다.

우리 팀은 점심으로 이 동네의 맛집인 스시집에서 벤또를 주문했는데 조리 시간이 생각보다 많이 걸렸다. 막상 나온 걸 보니 시간이 걸릴 만했다. 정해진 버스 출발 시간에 맞추느라 급하게 먹고 팀별로 지원한 경비가 부족하여 조금씩 추렴했다.

라인강을 따라 뤼데스하임 포도밭으로 갔다. 뤼데스하임 동네를 한 바퀴 돌며 포도주를 한 병 사서 포도밭 트레킹을 시작했다. 트레킹 시작점은 니더발트 기념비와 전망대였는데 웅장하고 정교한 니더발트 기념비의 의미를 듣고 배경으로 하여 기념사진을 여러 장 찍었다.

전망대에서 내려다본 경사진 연두색의 너른 포도밭과 그 사이의 운치 있는 지그재그 포물선의 길, 라인강을 오가는 온갖 배들, 그것들과 어우러진 도시와 요새들.

우리나라에서 독일 가면 꼭 보고 싶었던, 꼭 걷고 싶었던 그런 곳이었다. 독일에 온 걸 후회할 수 없는 풍광이었다. 피로와 답답함으로 뿌옇던 머릿속이 걷히니 연두색 잎을 펼쳐가며 굵은 철사를 감고 도는 포도 줄기의 활력으로 걸음이 즐거웠다. 전망 좋은 지그재그 포물선 길의 모퉁이에서 포도주를 한잔하니 '그래 이 맛이다.'

저녁 먹고 호텔에 와서 오후의 감흥을 이어가려고 호텔 주변 숲속을 걸으려고 로비로 내려왔더니, 쇼

핑하러 가려는 연수생을 만났다. 아내가 사 오라는 물건과 선물, 독일의 큰 소시지와 햄을 구경하기 위해 따라갔다. 함께 갔다가 함께 갈 요령으로 길을 자세히 살피지 않은 게 실수였다. DM과 옆의 마트에서 필요한 물건을 사고 나니 일행이 보이지 않았다. 밖으로 나왔더니 해는 이미 졌다. 더듬어서 길을 걷다가 스마트폰으로 호텔을 찍어서 걸었는데 방향을 알 수 없어서 꽤 먼 거리를 왔다 갔다 하며 방향을 찾는데 겁이 덜컹 났다. 그런 와중에 체면은 있어서 현지 가이드와 일행에게 전화하는 것보다 시간이 걸려도 길을 찾겠다는 마음이 앞섰다.

독일 청년 두 명이 지나가길래 무작정 세워서 스마트폰 지도의 호텔을 가리키며 어느 방향으로 가야 하는지를 물었다. 셋 다 짧은 영어로 소통하려니 그 꼴이 우스웠다. '사우스 코리아'에서 왔다고 하자 갑자기 한 청년이 '흥민 손'을 외치길래, 엄지손가락을 치켜세우며 '흥민 손 월드클래스!'라고 했더니, 호텔로 안내할 테니 따라오라고 했다. 호텔이 보이는 사거리에서 악수로 헤어지며 한 번 더 '흥민 손'을 외쳤다. 내가 우습고 부끄러웠다. 흥분한 감흥을 주체하지 못해 정신 놓았다가 '흥민 손'의 위상과 나쁜 사람보다 착한 사람이 많음을 몸으로 배운 넷째 날이었다.

5.

그림을 잘 그리는 같은 방을 쓰는 선배가 잠을 잘 이루지 못하는 와중에 꾼 꿈 이야기를 했다. 예전에 프로이트의 '꿈의 해석'을 읽은 게 기억나서 나름으로 해몽했더니 일리가 있다는 듯한 동의의 말을 했다. 선배에게 이야기했더니 프로이트의 심리학은 이미 비과학적이라고 검증되어서 웬만한 나라에서는 인정하지 않는데 우리나라에서는 아직도 일부 심리학회나 정신 분야에서 맹신하고 있다.

시작부터 트램길로 운전하는 기사 때문에 불안했다. 걱정은 한 사람만 하면 된다는 현지 가이드의 말에 주억거렸지만 사고는 모두의 문제여서 얼렁뚱땅 넘어갈 문제가 아니다. 연수 내내 운전기사의 운전 솜씨에 고개를 갸웃해야 했다.

여전히 현지 가이드가 괴테와 칸트에 대해서 열변을 토했다. 괴테와 칸트의 책을 몇 권 진지하게 읽었는데 그렇게 통속의 언어로 명징하게 말할 수 없다.

나무와 숲이 정말 많다. 사람 주변에 늘 나무와 숲과 새가 있다. 안네 프랑크 교육센터의 현대적 가치와 활동을 건성으로 듣고 혼자 살짝 나와서 주변 나무가 내뿜는 신선한 공기와 새소리에 취했다. 유대인 안네 프랑코의 가치를 소수자의 당연한 권리 존중으로 나아가려면 지금 유대인과 유대교의 나라 이스라엘이 소수자를 어떻게 취급하는지를 헤아리면 독일에 있는 안네 프랑코 교육센터여서 가능할 뿐이다. 그리고 오늘 독일 공휴일이어서 센터가 문 여는 날이 아니면 우리 방문을 거절했어야지, 막내 직원에게 설명만 하라 하곤 센터를 대표자는, 하다못해 성의를 표할 수 있는 직원은 나왔었어야 했다. 독일까지 와서 이 정도의 안내받는 것보다 안네 프랑코의 책 한 권 읽는 게 더 낫다.

쌀쌀한 공기 사이로 목덜미에 내려앉은 햇볕이 따뜻해서 마음이 노곤해졌다. 조금 뒤 우리 팀장이 나와서 교장 승진에 대해 이런저런 이야기를 나누다가 교육전문직원의 빠른 승진에 대한 불만으로 끝났다.

괴테대학교를 지나쳐서 괴테 하우스에 도착했다.

괴테가 쓴 책을 읽었을 때 상상이 어려웠던 공간을 이해하고 싶어서 괴테 시대의 그림을 유심히 살피며 사진을 찍었다. 하프시코드도 직접 봐서 흐뭇했다. 역광의 계단 창에 쓰인 독일어를 배경으로 가방 속 책을 꺼내 독서하는 듯한 인생샷을 찍었다.

오후에는 여러 번 들른 프랑크푸르트 시청사와 뢰머 광장, 프랑크푸르트 대성당과 주변에서 문화 체험했다. 일부러 딱히 정해지지 않은 일행을 따라가지 않고 강변을 걸으며 고약한 거위의 먹이다툼과 서열 싸움을 구경하고 갑자기 지하철이 보고 싶어서 축제 때면 어디 가도 있는 노상 방뇨자와 이에 눈살 찌푸리는 사람을 뒤로하고 빠른 걸음으로 지하철로 갔다. 지하철을 탈 수 없는 한계로 모두 둘러보지 못하고 올라오는데 화장실 표지가 눈에 확 들어와서 따라 들어갔다. 우리나라 80년대 버스 정류장 화장실을 연상하게 했는데, 남녀 성기를 어찌나 단순하며 거대하게 그려놓았던지.

우연히 만난 일행 두 분이 화장실을 찾길래 지하철 화장실을 안내하며 내부가 장난이 아니라고 했는데, 볼일을 다 본 그분들도 독일에 이런 화장실이 있는 줄 꿈에도 몰랐다고 했다.

저녁 먹고 호텔 근처 숲속을 잠깐 걸을 요령으로 나왔는데 불그스레한 석양이 좋아서 언덕을 찾았는데, 있을 리가 없고. 호주머니에 손을 넣고 가볍게 뛰면서 숲속으로 들어갔는데 어슴푸레한 어둠이 미리 와있었다. 어제 일이 생각나서 흐릿한 어둠이 불안했지만 서둘러 나올 생각으로 주변을 감지하며 천천히 걷는데 자전거 타는 사람, 반려견과 가볍게 뛰거나 걷는 사람, 뛰는 사람, 빠른 걸음으로 걷는 사람이 순서대로 지나갔다. 사람은 그게 끝이었다.

숲 가장자리의 농막에서 휴일 저녁을 보내며 낯선 독일어로 떠들어대는 사람과 그들의 불빛이 나무 사이에서 얼렁거림을 위안 삼아 돌아 나오는데, 멀리서 사람이 걸어오고 있었다. 이럴 때는 사람이 제일 무서운데, 길은 어쩔 도리가 없는 외길이다. 마주 보며 빠르게 걸었다, 사실 마주 보지 않았다 그 사람의 눈길을 피하며 눈동자를 앞에만 고정한 채 뛰지 않으려는 빠른 걸음으로 지나쳤다. 도로를 달리는 자동차 헤드라이트가 그렇게 반가울 수가 없었다. 자동차 불빛을 가득 안고지고 호텔로 들어왔다.

6.

꿀잠을 잤다.

이제야 현지인과 같은 생체리듬을 갖게 되었다. 선배도 독일 와서 처음으로 간밤을 잠으로 채웠다고 했다. 그런데 어쩌랴! 오늘은 우리나라로 돌아가는 날이다. 독일의 첫날을 생각하면 제일 행복한 날이어야 하는데, 아쉬움이 더 크다. 정말 사람 마음은 간사하기가 그지없다.

선배가 학교 전화를 받았다. 한 교사가 1학기 내내 병가를 내겠다는 것이다. 독일까지 와서 스마트폰을 붙잡고 요동치는 기분과는 다르게 차분히 방법을 알려주는 선배를 보며, 남들이 보기엔 평온해 보이는 학교 교문을 막상 열어젖히면 복잡다단하고 해결 난망한 문제가 수두룩하다. 어찌 되었든 그 험한 길 온갖 수모 감수하고 여기 독일까지 왔다. 교장 자격 연수 대상자가 되었을 때 아내에게 축하받을 전화부터 하지 않았다. 나 스스로 대단한 나를 먼저 추켜세웠다. 교장이 되면 편안할 것이라는, 고생 끝이라는 철없는 생각으로 그런 게 아니다. 내가 이 길에 들어선 자체가 대단해서 그랬다.

우리나라에 살다가 부모님의 이민으로 독일인이 된 아르바이트 학생의 안내로 프랑크푸르트 유로타워, 마인타워, 넓은 잔디밭과 어우러진 큰 나무가 있는 공원, 고급 카페, 현지인이 즐겨 먹는 독일 전통 음식, 지하철과 트램을 타는 창의적 문화 체험을 했다.

고소공포증이 있어서 마인타워가 두려웠지만 팀원들에게 민폐를 끼치고 싶지 않아서 감행했다. 엘리베이터 유리와 타워 전망대 바닥이 투명하지 않은 걸 천만다행으로 여겼다.

푸른 잔디의 공원에 앉아 늘 가지고 다니는 책을 꺼내 유럽인의 독서를 흉내 내는 사진을 찍었더니, 팀원 모두가 책 읽는 설정 사진을 찍겠다며 책을 좀 빌려달라고 하길래, 한 번 빌리는 데 1유로라는 농담을 했다. 사실은 프랑크푸르트에 있는 동안 유럽 영화처럼 책 읽는 유럽인은 보지 못했다.

독일 대학생이 내게 한국 유학생이 자기 삶을 위

한 정치 토론을 극도로 회피하는 이유를 모르겠다며, 내가 그 이유를 알고 있다는 듯이 물었다.

한국은 이념으로 갈라진 물론 외세의 간섭으로 갈라진 지금껏 유효한 냉전의 최전선 분단국가이다. 독재와 권위주의 정권으로 살벌한 냉전을 겪는 동안 중립은 정권의 말을 따르는 것이라고 세뇌당했다. 거역하면 빨갱이로 간주 되어 목숨을 유지할 수 없었다. 그 잔재는 지금도 남아 있어 정부와 다른 주장을 하는 걸 꺼린다. 틈만 나면 권위주의 정부로 되돌아가려는 역진 세력도 여전하고. 한국의 특수성이다. 우리가 극복해야 할 사회 문제인 것은 분명하지만 지금의 국민이 비난받을 일은 아니라고 말해주었다. 지금도 한국은 공무원의 정치 중립과 교육의 정치 중립이 엄혹해서 정치 현안 토론을 꺼리는 것이지 토론을 꺼리는 것은 아니라고 덧붙였다.

짧은 기간에 몇 개의 독일 초등학교를 훑어보았다. 교장을 중심으로 한 의사결정, 민주적인 학교

문화는 우리나라와 별반 차이가 없었고, 학생들의 자치활동 방식과 수준도 우리나라와 비슷했다. 어떤 부분은 우리나라 학생이 더 잘한다는 느낌을 받았다.

독일 교육은 수학과 물리, 화학을 강조한다고 했다. 제약회사와 기초과학을 기반으로 한 산업이 발달했으니 당연하다. 독일이 강조하니 우리도 강조해야 한다는 논리가 아니라 '수포자 신드롬'을 내세워 수학이 어려워서 수학을 포기한다는 논리로 수학이 필요 없다는 둥, 수학은 쉬워야 한다는 둥, 빅데이터 기반의 AI 출현으로 과학과 수학, 지식 교육이 더 필요 없다는 주장은 학생과 교육을 망치는 언동이다. AI가 발달할수록 수학, 기초과학, 지식 교육이 필요하다.

획일화된 대학입시로 학생 진로에 맞는 교육이 안 된다는 게 문제이다. 수학이 더 필요한 학생과 수학이 덜 필요한 학생에게 똑같은 수준의 수학을 강요하면 되겠는가? 쉬운 수학을 주장할 게 아니라 획일화된 대학입시를 바꾸는 게 학생을 위한 교육제도이다.

옷을 갖춰 입은 독일인들이 이용한다는 브런치 카페에서 근사하게 커피와 케이크를 먹고는 독일인들의 맛집에서 독일인이 즐기는 음식, 우리가 먹은 독일 음식도 있었는데 짜지 않았다. 대학생에게 독일 음식이 짜지 않냐고 했더니 관광지 음식은 오래 보관해야 해서 짠 것 같다고 했다. 여하튼 우리가 그동안 먹었던 독일 짠 음식과는 다르게 아주 맛있었다.

마지막 쇼핑하고 공항에서 출국 수속을 마친 후에 탑승 시간이 꽤 남아서 가져간 책을 마저 읽으려 했다.

7.

옆자리의 두 사람이 좀 그랬지만 돌아오는 비행기 시간은 견딜 만했다.

남은 유로를 승무원의 유니세프 기부 주머니에 넣었다.

입국 시간이 생각보다 빨라서 운 좋게 예약한 버스보다 이른 버스를 탔다.

라흐마니노프의 음악을 들으며 본 차창 밖의 풍광이 독일과 흡사했다. 산기슭 옆 모내기를 하려고 물 잡아 놓은 논에 색바랜 아까시나무꽃이 가득한 것만 다를 뿐.

여전한 나는 그 논의 추억에 갇혀 내년에 필 아까시나무꽃 향기를 그리워한다.

내가 이토록 교장을 갈망했던가

분임 활동

연수원에서 일정한 기준으로 분임을 구성하여 안내했고, 분임 토의 주제 역시 연수원이 몇 개를 안내한 후 분임에서 선택하도록 했다.

선택한 주제로 탐구하고 정리하기 위해 몇 번의 모임과 전문 기관을 탐방했다. 연수 시간표의 모임 시간이 부족하여 점심시간과 연수 후 시간, 주말을 이용하는 분임이 많았다. 우리 분임도 그랬는데, 나는 짧은 점심시간마저 줄어드는 게 불만이었다.

내가 생각한 분임 활동과 너무 달라서 분임 활동이 즐겁지 않았다. 도대체 이런 걸 왜 하는지 모를 지경이었다.

교장이 보고서 작성하는 사람도 아니고, 굳이 그럴 일이 있다면 학교의 실정에 맞는 실천 가능한 보고서여야 하는데, 두루뭉술한 보고서를 작성한다고 그 귀한 시간을 허비한다는 게…… 어떤 이는 교장쯤 되면 학교 안의 사소한 교육 활동보다 큰 교육 정책을 그릴 수 있어야 한다고 했는데, 물론 그래야 하지만 연수에서 우리가 하는 논의는 단위 학교에서 적용할 수 있는 실천 가능한 구체적인 방안이어야 했다. 물을 아껴야 한다, 가 아니라 우리 학교에서 지속 가능하게 물을 아끼려면 어떻게 해야 하는지를 탐구하는 일이었다.

전체 분임 활동 발표회를 보니 전부 다 두루뭉술한 발표였다.

발표 방법도 각 분임장과 발표자가 과도한 경쟁을 피하려고 미리 협의하여 세세한 제한을 두었다. 나는 이것도 불만이었다. 내용이 없는 화려한 그래픽 프레젠테이션에 높은 점수를 안 주면 되는 것이지, 내용을 효과적으로 전달하기 위한 창의적인 방법을 금지한다는 건 하향 평준화이다. 하향 평준화를 위한 협의회가 이뤄진 건 처음부터 분임 활동의 내실보다 연수 점수를 수월하게 얻기 위해서다. 연수는 연수일 뿐이라는 생각으로.

나는 분임 활동이 교장 자격연수를 받기까지의 교직 생활을 뒤돌아보는 성찰의 시간이 되기를 바랐다. 연수생마다 우여곡절이 많을 것이다. 그 질곡을 얘기하며 성장의 발판으로 삼고, 후배들에겐 그런 질곡을 넘기지 않기 위해 교장이 되면 어떻게 해야 할지를 다짐하는 시간이 되었으면 했다.

분임 별로 그것을 정리하여 발표하면 눈물과 웃음이 교차하는 카타르시스의 발표회가 되지 않았을까?

학교경영 코칭

연수생이 원하는 멘토 교장을 찾아갈 수 없다. 연수원에서 미리 멘토 교장을 지정하여 안내했다.

나는 내 멘토 교장으로 지정된 두 분이 마음에 들

지 않았다. 한 분은 공식적으로 회피를 신청하고 싶었다. 이유는 밝힐 수 없지만 교직에 있으면서 스치기도 싫었다. 회피 신청을 여러 날 고민하다가, 예전 내가 아니듯 그도 달라졌겠지, 라는 마음과 마냥 피할 수만은 없는 일이어서 이번 기회에 부딪혀 보기로 했다. 내가 먼저 그를 피할 이유도 없었고.

첫 번째 학교에 시간 맞추어 갔더니 공사를 한다고 어수선했다. 바퀴 달린 스테인리스로 된 교문을 여니 배움터 지킴이 분이 기다리고 있었다며 교장실로 들어가는 길을 안내했다. 고맙다고 인사한 후 교장실로 가는 길을 따라가서 중앙 현관에 도착할 즈음 멘토 교장이 반갑게 맞이해 주었다. 교장실에는 다른 일행이 도착해 있었지만, 내가 늦은 게 아니라서 미안한 마음 없이 일찍 오셨네요, 라는 말을 건네곤 소파에 앉았다.

멘토 교장이 나와 관련한 이런저런 인연을 늘어놓

았는데, 87학번 선배 중에 성은 다르고 이름이 같은 선배와 헷갈리게 말해서 정정해 주었다. 나와 얽힌 유쾌하지 않은 인연을 잊은 건지 아니면 나만 유쾌하지 않은 인연이었는지 그것도 아니면 모른 체 하는 건지 알 수 없었다. 나도 굳이 그걸 꺼낼 이유가 없어서, 차가운 마음이 드러나지 않게 신경만 썼다.

학교를 둘러보는 사이에 반가운 분들을 만났는데, 그중에서 영재교육원 강사 할 때 학부모였던 분이 돌봄전담사를 하고 있었다. 먼저 인사를 해와서 자녀 이름을 물었더니 얼굴이 선명하게 떠올랐다. 기억하고 있어서 고맙다고 하길래, 내가 어떻게 그 아이를 선명하게 기억하는지를 알 수 없어서 이야기는 이어가지 못하고 다음에도 반갑게 인사 나누자는 말을 하고 헤어졌다.

한 분은 엄청 반갑게 인사할 정도는 아닌 인연인데 엄청 반갑게 인사해서 나도 따라서 엄청 반갑다고 했다. 교장 자격 연수받으며 비슷한 경우가 종종 있었는데, 그때마다 예전에는 이렇게나 친절하게 다정다감하게 반기지를 않았는데 왜 이러지? 하고 생각했다.

무궁화 세 개의 대령과 별 하나인 준장의 대우가 극명하게 차이 나듯, 교장과 교감과의 차이도 관습적인 본능으로 그렇게 인식하는 듯했다.

한편으론 그런 현실이 못마땅하고.

말이 나왔으니, 학교에선 좀처럼 이름표를 달지 않는다. 직위와 직급이 아닌 인간인 나를 인간으로 대우해달라는 나만의 고집이다.

민원인이든 사업자든 교육기관 종사자든 학교를 방문한 이들 대부분은 내가 교감이라고 밝혔을 때와 그렇지 않았을 때 대하는 태도가 다르다. 나도 여기서 자유로울 정도의 인품이 아니어서 대부분은 웃으며 넘기지만, 앞뒤 태도가 현저하게 다른 사람은 꼭 기억해 둔다.

이 학교는 교장과 교직원 한 사람과 갈등이 심했다. 갈등이라기보다는 학교장의 정당한 업무 지시를 따르지 않겠다는, 공무원으로 가지면 안 되는 비상식적인 근무 태도의 문제였다. 노조도 그 사람을 감싸려 들다가 본질을 알고는 사건의 본질을 사실대로 알리지 않고 조합원만 보호하려고 했다.

제대로 취재하지 않은 지역 케이블 방송사 뉴스에 노조의 입장이 사실인 양 보도되었다. 쉽게 구할 수 있는 도의회 행정사무감사 자료만 봤더라도 그런 보도는 하지 않았을 것이다. 제대로 취재하지 않고 자극적인 낱말로 조회 수만 올리려는 방송사와 기자의 그릇된 언론 윤리 때문에 교직원은 치명적인 불명예를 안고 살아야 한다.

경남교총 자문 변호사가 학교장에게 학교장의 정당한 업무 지시 불이행을 문제 삼으라고 자문했다는데, 멘토 교장은 굳이 그렇게 하지 않겠다며 교육청의 두 사람에 대한 전보 조처를 따르겠다고 했다. 실제로 2024년 9월 1일 자 인사 발표도 그러했다.

나는 다르게 행동했을 것이다. 힘들더라도 아닌 것은 아니라는 선례를 남겨서, 후임자들은 아닌 것을 당당하게 말하는 학교가 되기를 바란다.

이 외에 학교장의 현실적인 리더십과 학교 문제를 합리적이며 능동적으로 해결한 사례를 들었고, 묻고 답하며 의미 있는 시간을 보냈다.

멘토 교장을 회피하지 않았기에 분노를 없앴을 수 있었고.

두 번째 경영코칭 멘토 교장은 교감과 갈등을 빚고 있었다. 경영코칭을 마친 후 이해 안 되는 대우를 받아서 기분이 언짢았다고 다른 연수생에게 말했더니 넌지시 그 사정을 말해줘서, 뒤늦게 알게 되었다.

첫날에 안내하거나 인사 나누는 이 하나 없이 혼자 교장실에서 우리를 맞이하며 — 둘째 날도 그랬다. — 생뚱맞게 꽃다발을 주기에 습관적으로 코를 갖다 대었는데, 이상한 냄새여서 자세히 살폈더니 조화였다.

본인이 공모교장을 할 때 이룬 성과를 긴장한 얼굴로 웅변하듯이 열변을 토했다. 세 사람만 듣기 아까워서 교장 자격연수 학교경영계획서 작성 연수 강사를 한번 해보라고 권했다.

나름대로 의미 있는 경영코칭이었다. 다만, 좋은 걸로 좋은 영향을 받았으면 좋았을 텐데, 안 좋은 걸로 지혜를 얻는 시간이어서, 그렇게 변해가는 학교의 현실이 안타까웠다. 교장 하기 힘들겠다는 생각도 하며.

경상남도 초등 교장 자격연수의 가장 큰 특징이 미래교육현장 탐방이라고 생각한다.

서울특별시에 소재한 '미래교육'과 관련한 학교(대안학교) 및 첨단 기업을 2박 3일 일정으로 탐방한다. 3일 동안 탐방하지는 않고, 경남에서 서울로 이동하는 거리를 고려하여 첫날은 등록과 특강, 둘째 날은 탐방, 셋째 날은 특강과 귀가의 일정이었다.

나는 서울특별시교육청 비인가 중등교육 대안학교인 '거꾸로캠퍼스'와 '한국마이크로소프트'를 희망했는데 다행히 그대로 되었다.

미래교육현장 탐방 희망지를 신청받으면서 룸메이트도 지정할 수 있었다. 잠시, 지정하지 않고 새로운 사람과 인연을 맺을까? 라고 생각했는데, 배려하려는 서먹서먹한 불편을 감수하기 싫어서 그만두었다. 속 깊은 이야기를 나누고 싶은 친구가 있어서 의향을 물어보려다가 괜히 부담스러울 것 같아서 역시 그만두었다. 평소 모임을 함께하며 진솔하게 이야기를 나누었던 형님에게 의향을 물었더니 담배를 피워서 흡연자 한 명과 같이 자기로 했다면서 미안해하길래 그런 의미로 전화한 게 아니라고 했다. 그런 차에 속 깊은 이야기를 나누고 싶었던 친구가 조심스럽게 2박 3일 함께 생활하면서 이런저런 이야기를 나누고 싶다고 전화했다. 사실 나도 그런 생각을 가졌는데 네가 워낙 바쁘고, 네 일로 따로 만날 사람이 있을 것 같아서 전화하지 않았다고 했다. 둘이 의논하여 탐방지도 같은 곳으로 신청했다.

그랬는데, 그놈의 후배가 뒤늦게 전화해서는 같이 자자고 하길래, 이미 함께 잘 사람이 정해져서 그럴 수 없다고 했더니, 섭섭한 감정을 여과 없이 드러내며 탐방지만은 같이 가자고 해서 신청한 탐방지를 불러주었다.

'미래교육', '미래 교육' 어느 게 바른 표현일까? 사실 나는 교육 앞에 미래를 붙이는 게 싫다. 교육에 이미 과거의 지혜로 미래를 꿈꾼다는 미래성이 포함하고 있는데 굳이 '미래'라는 말을 붙여야 할까?

'미래교육'이라고 쓰려면 명확한 학문적 정의가 있어야 하는데 그렇지 않다, 계획서, 보고서, 논문에서도 제한적으로라만 개념 정의를 내린 후에 사용해야 하는데 그렇지도 않다.

엄밀히 말하면 다가올 시간을 의미하는 '미래 교육'이 바른 표기이다. 교육을 정치 구호로 바꾼 용어가 '미래교육'이다.

조별로 탐방지로 이동하며 잔잔한 에피소드로 많이 웃었다. 조장할 사람이 없어서 '강' 씨가 하고, 총무는 조장이 지명했다. 잔잔한 웃음을 준 '강' 씨가 고마웠고, 길 안내와 점심 식사 장소 물색과 시간 관리를 도맡아 한 총무, 나처럼 단체행동에서 자꾸 이탈하려는 조원들의 행실로 '강' 씨가 심드렁했는데 '강'

씨 심기 관리를 잘해 준 어떤 분이 정말 고생했다.

거꾸로캠퍼스를 먼저 방문했다.

내가 영재교육원 강사 할 때 즐겼던 미래문제해결프로그램(FPSP)을 기반으로 한 프로젝트 학습을 하고 있었는데, 자기 주도성과 지식이 없으면 할 수 없는 교수학습 모형이다. 관건은 프로젝트에 필요한 지식을 자기 주도성으로 다양한 방법으로 채워야 한다. 다양한 방법으로 채우기 위해서는 온 지구가 학교여야 하고, 온 지구를 탐험하며 지식을 쌓는 역량도 갖추어야 한다. 내가 예상한 대로 대안학교이지만 프로젝트를 추진할 수 있는 역량을 갖추어야 입학할 수 있다고 했다.

학생들의 프로젝트는 본인들의 진로와 직업으로 연결된다. 대학으로 진학하기도 하고 창업이나 취업을 하기도 한다.

교장이 시험이 없다고 소개했는데, 시험이 없는

게 아니라 프로젝트 결과를 보고하며 질의 응답하는 과정이 시험이고, 전문가 자문과 조언 역시 역량의 폭과 깊이를 넓히는 고차원적인 시험이다. '시험' 하면 떠오르는 그런 광경이 없을 뿐이다.

한때, 역량을 중시하며 지식은 필요 없으며 스마트 기기를 통하여 검색할 수 있는 능력만 있으면 된다며 학교의 지식 교육이 필요 없다고 주장하는 이들이 있었다. 일부 교원은 이런 주장을 받아들여 수업을 등한시하는 핑곗거리로 삼았고, 학부모와 유사 교육자들은 학교가 고기 잡는 방법을 알려주지 않는다고 호도했다. 아니, 고기를 잡으려면 고기의 습성을 알아야 하고 그 습성을 이용한 도구를 만들려면 도구 작동 원리를 알아야 하고, 지식이 빠진 역량을 상상할 수 있는가?

무엇보다, 인간이 공부하지 않으면 인간답게 성장할 수 있나?

교장에게 거꾸로캠퍼스를 어떤 연유로 설립했는지를 물었더니, 거꾸로교실 학습법을 주도하던 일부 교사들이 공교육에서 거꾸로교실을 온전하게 실현할 수 없음을 자각하고, 이를 극복하기 위해 교사를 그만두고 설립했단다. 쉽지 않은 결정이었을 텐데. 참! 대단하다.

일반적으로 대안학교라 하면, 우리는 부정적인 의미의 학교 부적응 학생을 위한 제도권 밖의 학교라고 생각한다. 아니다, 공교육의 한계를 극복하기 위한 다양한 형태의 제도권 안팎의 학교를 말한다. 아직은 비인가 대안학교가 많아서 검정고시를 치러야 한다. 하지만 거꾸로캠퍼스와 같은 대안학교는 공교육이 추구해야 할 방향을 실현하고 있어서 제약하여 제도권 밖에 둘 게 아니라 다양한 형태의 특수한 형태의 공교육 기관으로 품을 방법을 생각해야 한다. 그렇지 않으면 소수를 위한 차별화된 신분

상승의 사다리가 될 수 있다.

　교사 시절에 영재교육원과 창의적 체험활동으로 거꾸로캠퍼스와 같은 교육을 시도했다가 실패했다. 그 당시에 교감이나 교장이 되면 다시 시도하겠다고 다짐했었다. 교감이 되어서도 주장만 하다가, 흔히 말하는 '똑똑한 교사'들이 모인 '준 벽지 학교'에서 미약하나마 잠시 구현했었다.

　교장이 되면 장애, 비장애 학생을 아우르는 지식 통합·융합 프로젝트 학습 교육과정을 실현하고 싶다. 나도 총괄하며 수업하고.

　학교 공동체가 참여해야 하고 지속을 위해선 전문성 신장이 필수여서 남다른 노력이 필요하다. 설명회, 토의와 토론, 설문 조사 등으로 의견을 수렴하여 의지가 명확하면 추진할 것이고 그렇지 않으면 꿈으로 남길 것이다. 억지 부려서 사진과 동영상 안에서만 존재하는 우는 범하지 않을 것이다.

'한국마이크로소프트' 경복궁 정문의 높은 빌딩에 있었다. 엘리베이터 작동법부터 생소했다. 학교도 그랬으면 좋겠다고 한 번쯤 상상했던 공간이 다 갖추어져 있었다. 통유리 너머로 보이는 경복궁 전체 모습은 가히 일품이었다.

하지만 나는 근무하고 싶지 않았다.

첫날과 셋째 날의 특강은 한마디로 소문난 잔치에 먹을 것이 없는 꼴이었다. 호텔의 좁은 연회장도 문제였지만 강사들의 전공에 교육을 억지로 끼워 넣어서 어색하고 평범해서 공감할 수도 없었다. 텔레비전에서만 보았던 유명인을 멀리서 본 걸로 만족했다. 강의비가 비쌌을 텐데.

연수 단상

강의를 평가할 생각이 없었는데, 근본 성격은 어찌할 수 없는지 강의 들으며 강의 내용을 연수생들과 이야기하며 훅훅, 스멀스멀 올라온 생각이다.

2024년 5월 1일

교육행정에 꼭 필요하지 않으면 교직원 인사기록 카드를 보지 않는다. 볼 경우라도 해당 부분만 참고한다. 맡은 일만 잘하면 그만이다. 뭘 더 이해해서 도와주겠다고 남의 정보를 들여다보거나 맥락 없이 남의 정보를 물어보지 않는다. 그 사람이 제공하는 정보까지만 이해하고 도와준다.

학교에서 근무하다가 교육 관료가 되거나 교수가 되어 현직 교원들에게 강의하는 경우가 있다. 그런 분 중에 간혹 좁은 시야를 가졌던 짧은 교직 경험이 학교의 전부인 양 착각하며 강의하여 눈살을 찌푸리게 한다. 특히, 어떤 이유에서든 본인이 학교문화에 적응하지 못했거나 갈등으로 학교를 떠났을 경우는, 지금의 전체 학교 역시 그런 줄 알고 호도하며 불평을 자초한다. 하기야 현직 교육 관료와 교원도 그런 주장을 하고 있으니.

첨단기술은 하루가 다르게 발달하여 일상생활과 학교 교육에 적용하는데, 교육학자와 교수들의 연구 논문과 강의에 인용하는 첨단기술 관련 자료는 한참이 지난 것이 많다. 학교와 교원의 사회변화 수용 감수성이 그들보다 높다.

2024년 5월 2일

남이 그렇게 한다고 사소한 이득 앞에 눈먼 행실은 도덕성이 부족한 삶이다. 사소한, 아주 조그마한 이익에 너무나 쉽게 굴복하면서 큰 이익 앞에선 어떻게 할지는 뻔하지 않은가? 사소한 바른 삶의 일상이 옳은 삶으로 이끈다.

리더십의 환상에 빠지지 않는다. 내가 잘했다는 감성과 구성원의 감정은 다르다.

초등 교장 자격연수 만족도가 최고로 높다는데. 그런데 말입니다, 정작 연수생들은 불만이 가득하다. 왜 그럴까?

2024년 5월 3일

텀블러와 양치 도구, 연수 참고 자료를 보관할 수 있는 사물함을 설치해 주면 좋겠다.

생태전환교육을 실천하려고 화장실 종이수건 사용 대신 손수건을 매일 가지고 다녔으며, 구내식당 음식도 남기지 않았다.

2024년 5월 14일

관계의 감성이 달라서 굳이 먼저 반갑게 인사하려고 하지 않았고, 같은 분임과 조라는 이유만으로 생판 몰랐던 연수생이 갑자기 농도 깊은 친근감을 표시하면 멋쩍게 웃었다.

강의 시간에 집중하고 비판적으로 사고하자고 또 다짐했다. 상습적으로 웅성거리는 연수생이 싫다.

교감 첫 발령 학교 선생님들과 창원에서 저녁 먹고 기차로 퇴근했다. 참 고마운, 이 후배들과의 만남이 힐링이다. 그리고 만날 날을 손꼽아 기다리면서도 만나기 싫은데 내가 너무 좋아해서 할 수 없이 만나러 오는 게 아닌지를 걱정하곤 한다.

책은 지루한 기다림을 사색의 시간으로 만든다. 책을 늘 갖고 다닌다. 나이가 들어서 그런지 고독한 시간이 좋다.

사람마다 정보량과 인식의 정도가 다르다. 넘겨짚어 미리 친절하게 안내하지 않는다. 물어오면 필요한 말만 친절하게 대답한다.

교육의 미래를 걱정하는 교육자가 돌봄이 우선이고, 유망 직종도 심리와 신체를 돌보는 직업이라고 한다. 나는 그게 필요하다고 생각은 하지만 우선이고 유망은 아니라고 생각한다.

생태전환교육을 강의하는 강사의 기후 위기와 생태전환교육의 자기 확신에 찬 비과학적인 오개념에 짜증이 났다. 진입 장벽과 문턱이 낮으니 유사 생태교육론자들이 돈만 벌려고 판친다.

2024년 5월 17일

도교육청 장학사의 도교육청 정책 떠벌림과 눈치 보며 맹목적으로 수용하는 연수생 사이에서 꼿꼿하게 내 의견을 내보이며, 나는 자기 생각을 말하지 않는 사람과 토의하고 토론하는 게 싫다고 했다. 그럴 시간에 책 읽고 글 쓰는 게 더 낫다. 교장이 되면 자연스럽게 눈치 볼 일이 더 많을 텐데, 벌써부터 연습하는 게 싫었다.

학교경영계획서 작성 시간이 아니라, 자연 상태인 학교 유휴 부지를 개발한 사례를 자랑했다.

나는 생태전환교육을 주장하면서 전기와 물을 계속 사용하는 학교개발에 동의하지 않는다. 특히 학부모와 지역 주민을 위한 학교개발은 더욱 그렇다. 우리 주변에, 학교보다 좋은 곳에 그분들을 위한 그런 시설과 환경을 이미 많이 제공하고 있다. 굳이 학교가 개발과 관리를 위해 부족한 예산과 관리 인원을 감수하며 그럴 필요가 없다. 그걸 감수하다 보니 교장이 되어서 물주며 예초기 작업한다. 마치 교장이 그래야 할 직책인 것처럼.

만약 교장이 된 내가 근무하는 학교에 자연 상태의 유휴 부지가 있으면 개발보다는 자연과 공생하며 자연 친화력을 높이는 교육 장소가 되도록 정비만 할 것이다. 학교경영계획서에는 교육과정으로 구현할 방안을 제시할 것이고.

AI가 신인류도 아니고 공존하자고? 우리의 편리를 위해 사용할 기술일 뿐이다.

초등 교장 자격연수에 수업 분석을 강의하는 게 맞나? 최소한 연수 대상자를 고려한 성의는 보여야지? 경남교육청의 누구와 알아서 누구의 부탁으로 강의 왔다고 하는데, 나라면 그런 말 하기 전에 추천한 사람이 무안하지 않도록 강의 준비를 더 철저히

했을 것이다.

2024년 5월 28일

자기 능력 이상으로 욕심만 부리다가 마무리를 하지 못하고, 책임도 지지 않으려 남의 말꼬투리 잡아서 책임 전가하는 사람이 되지 않겠다.

허우적대는 토의장에 지푸라기를 제공했더니 보따리까지 내놓으라고 한다. 예전에는 앓느니 죽지, 라는 심정으로 보따리 잘 싸서 안겨 주었지만, 지금은 단호하게 거절한다. 그리고 멀리한다.

2024년 5월 29일

개인주의는 자율에 따른 책임을 강조하며 자유 경쟁을 선호한다. 편의를 위해 경쟁을 거부하며, 남의 간섭과 간섭하려는 태도가 없다고 개인주의라고 한다. 아니다, 그건 이기주의다. 내 편의를 위해 개인주의를 오용하지 않는다. 그런 사람을 두둔하지도 않는다.

2024년 6월 3일

소문난 잔치에 먹을 것 없는 특강이다. 유명세와 실제 강의는 다르다. 검증하여 강사를 섭외해야 하는데, 강사 섭외 경험이 많은 친구의 말로는 인적 네트워크가 활성화되지 않은 사람에겐 힘든 일이라고 한다. 교원이 이런 일을 한다는 게 애초부터 힘들었을 것이다. 연수원에 이런 일만 전문적으로 하는 인력이 있으면 좋겠다.

문득, '통섭과 겸손으로 사람을 위하는 어린이'라는 문구를 지었다.

2024년 6월 4일

거꾸로캠퍼스 교장의 '미래학교는 현재에 최선을 다하는 학교다.'에 공감했다.

경남형 혁신학교인 행복학교에서 거꾸로캠퍼스와 유사한 프로젝트를 구현하려다 실패했다. 교감의 직위가 가진 한계를 절감했었다.

2024년 6월 5일

힘든 일을 즐겁게 포기하지 않는 능력이다. 자신감에 의한 확인의 끝이 창의성의 시작이다. 다른 길로 간다.

2024년 6월 10일

연수생 이름표를 잃어버렸다. 잃어버릴 염려가 있으면 챙길 수밖에 없는 넛지를 설계하는 편이라서,

좀처럼 물건을 잃어버리지 않는데. 나 자신에 실망하여 꼭 찾으려고 연수원 화장실과 매일 양치하던 곳을 샅샅이 뒤졌는데도 찾지 못했다.

연구사에게 재발급을 부탁했는데 들어주지 않았다. 이름표 없이 연수를 마쳤다. 불편하지 않았다.

공무원은 연찬의 의무가 있다.
연찬(研鑽), 학문 따위를 깊이 연구함.
안 가르쳐주어서 하지 않겠다는 억지는 공무원 신분의 망각이다.

2024년 6월 11일
'교육과 잡담'이라는 명패의 사무실이 하나 갖고 싶다. 연구소라 하면 부담되고.
'잡담과 작당'도 괜찮네.

시골 야트막한 언덕에 표나지 않은 초록색에 문틀만 하얀색인 작은 집으로, 세 고랑의 텃밭과 화덕을 갖추어 간혹 ─ 어쩌면 영원히 오지 않을 친구들에게 막걸리에 파전, 커피에 빵을 내놓으며.

2024년 6월 20일

어떤 연수생이 경남교원 동향 파악을 위해 경남교육청 교육정보원에서 근무한 국정원 직원 같은 사람이 연수를 같이 받고 있다고 했다. 그래 보이는 사람이 있긴 했는데, 에이! 아니겠지? 그런 사람이 어떻게 교장을 할 수 있겠어. 그게 나쁜 짓인 줄 영원히 모르는 바보가 아닌 이상.

2024년 6월 21일

발표가 그렇게 힘든가? 하고 싶은 말 품위 있게 전

달하면 되지. 실수하면 정정하고.

　해외 학교장의 사례로 우리나라 교장의 역할이 바뀌어야 한다고 여전히 단순하게 주장하는 이들이 있다. 우리나라와 환경이 다르고 문화가 다르고 사회 제도와 구조가 다른데, 그런 것들은 싹 빼고 부러워하거나 우러러보는 건 지성인답지 않다.

학교경영계획서

학생만을 위한 학교경영계획서가 아닙니다. 학교와 연결된 모든 이들이 시민으로 나아가기 위한 안내서, 다짐서, 실천서가 되기를 바라는 마음을 담았습니다.

기존의 학교경영계획서는 표, 도표, 그림, 기호, 우리말이 아닌 혼종어를 뒤섞어 깔끔하게 표현되어 있습니다. 눈으로 보면 내용까지 깔끔하게 정리되어 있는 듯합니다. 하지만 쉽게 읽히지 않고 해석이 필요해서 학교 연례행사인 '학부모 교육과정 설명회'를 갖습니다. 이마저도 학부모의 참여가 나날이 줄어들어 여의치 아니하고 학생들에게는 설명조차 하지 않습니다. 교원은 연간 시간 운영 계획과 업무 추진을 위해 참고만 할 뿐입니다.

이에 쉽게 읽어 이해하는, 다짐하고 실천하는 학교경영계획서를 씁니다.

1. 비전

‘사람을 위하는 시민교육’을 합시다.

사람만을 위하는 교육이 아닙니다.

자유롭고 평등한 민주사회의 주체인 시민으로 나아가기 위한 교육입니다.

지속 가능한 환경을 만드는 옳은 선택으로 사람이 포함된 지구 생물이 함께 생장하고 성장하는 바른 삶을 가꾸는 교육입니다.

2. 목표

‘겸손과 통섭(統攝)이 일상인 시민’이 됩시다.

사람을 위하는 시민교육으로 겸손과 통섭이 일상인 시민, 우리가 됩시다.

통섭보다 겸손을 앞에 내세웠습니다. 사람은 자연의 한 부분입니다. 그동안 자연과 사람을 분리하는 교육으로 사람이 자연을 관리하고 통제하는 대상으로 여겼습니다. 사람이 만든 인위적인 것들을 미개한 자연을 극복한 진보한 것으로 여겼습니다.

사람이 자연의 한 부분이라는 마음, 사람을 포함한 자연을 지속 가능하게 만드는 태도, 겸손이 배움보다 앞서야 합니다.

통섭적인 사람은 본질을 추구합니다. 본질을 추구하려 경계 짓지 않고, 넘나들며 허뭅니다. 연결하고 통합하고 융합하는 배움의 태도입니다.

나누어진 교과목, 학교 안과 밖의 경계, 과거와 현재 미래로 나누어진 생각 틀을 '통합되고 융합된 학문', '세상이 학교'라는, '현재에서 과거로부터 지혜를 얻어 미래를 만든다'로 바꾸어야 합니다.

겸손과 통섭은 학교 안에서만 이루어지지 않아야 합니다. 학교에서 배우고 가정과 사회로 퍼져나가야 합니다. 학생에게만 한정되지 않아야 합니다. 교직원, 학부모, 지역민의 근본이 되어야 합니다. 일상의 당연한 태도가 되어, 그렇게 하지 않으면 죄책감을 느끼게 되는 도덕이 되어야 합니다.

3. 구현

우리,

함께 걸으며 함께 읽으며 함께 쓰며 함께 즐기며
우리가 바라는 시민이 됩시다.

우리 걸어요.

걷는다는 의미는 땅을 짚고 나아간다는, 온전히
자연의 한 부분이 된다는, 세상을 지혜롭게 헤쳐 나
간다는 뜻입니다.

사람은 땅을 짚고 걸어야 건강합니다.

두 발이나 도구를 이용하여 꾸준히 걸어야 건강
합니다.

천천히 빠르게 높이 멀리 걸으며 건강을 다집니다.

남들보다 빠르게 멀리 높이 걸을 수 있으면 훌륭
한 재능입니다.

장애물을 조심하고 장애물을 뛰어넘는 걷기 능력은 몸뿐 아니라 마음을 건강하게 합니다.

천천히 시작하여 꾸준히 걸어야 건강이 다져집니다.

건강을 위해 걷는 게 지속 가능한 지구 환경을 만듭니다.

함께 걸으며 걷는 데 도움이 필요한 사람을 도웁시다. 걷는 사람을 넘어뜨리지 말고 넘어진 사람에게 손 내밉시다.

가까운 거리를 걸읍시다. 학생이 바쁜 것은 물론이고 교직원, 학부모, 지역민 모두 바쁜 삶입니다. 바쁜 생활 틈틈이 걸으며 건강을 챙깁시다. 대중교통을 이용합시다. 걸어서 등하교할 수 있는 학생은 스스로 걸어서 등하교합시다. 걷는 길이 위험하거나 불편하면 언제든지 학교에 알려주세요. 부모님은 학교 통학버스를 이용하거나 걸어서 등하교할 수 있는 습관을 길러주세요. 학교를 이용하여 틈틈이 걷는 공간과 시간을 확보하겠습니다. 체육 시간과 신체 표현 활동 시간을 알차게 운영하고, 가능하면 큰 공간에서 많이 걷도록 하겠습니다. 학교 공동체가 함께 걷는 활동을 추진하겠습니다. 꾸준히 걷는 학생을 칭찬하고, 걷는 게 힘든 학생은 적극 도와 함께 걷도록 하겠습니다.

자연 속을 자주 걷는 교육활동을 하겠습니다. 자연과 상호작용하여 몸과 마음이 건강한 삶을 이어갈 수 있도록 지자체의 협조와 지역민, 학부모의 도움을 받아 학교 안과 밖에 나무를 꾸준히 심고 가꾸겠습니다. 스마트폰을 보는 시간보다 자연과 함께하는 시간을 많이 갖도록 의도적으로 노력합시다.

걷기 좋은 세상을 만듭시다. 걷는 데 불편한 사람, 도구를 이용하여 걷는 사람도 불편 없이 걸을 수 있도록 합시다. 나만 빨리 걷겠다고 걷는 길을 독차지하겠다며 다르게 걷는 사람을 넘어뜨리는 폭력은 용

납하지 않겠습니다. 학교폭력, 교권 침해, 아동학대는 엄정하게 대처하고 회복할 수 있는 기회를 꾸준히 만들겠습니다. 학생들이 다양한 사람들과 행복한 삶을 가꾸도록 세계 시민교육을 강화하겠습니다.

우리 읽어요.

책을 읽어 지식을 얻고, 사람을 읽어 지혜를 얻고, 자연을 읽어 지속 가능한 삶을 가꾸고, 세상을 읽어 웰빙하는 삶으로 나아갑시다.

마땅히 사람은 책을 읽어야 합니다.

쏟아지는 동영상과 스마트폰 속의 글자가 책을 대신할 수 없습니다. 빅데이터 기반의 생성형 AI가 지식을 모아줄 수 있어도 사람에게 지식을 심을 수는 없습니다. 사람이 책을 읽어 AI를 만들었고 AI는 책 읽는 사람을 도와주는 도구에 불과합니다. AI가 사람이 원하는 것을 찾아 주고 해 줄 것이어서, AI가 책 내용을 알고 있으면 되어서 공부할 필요가 없다는 사람이 있습니다. 지식이 없는 사람이 공부하지 않은 사람이 AI에게 무엇을 요구하겠습니까? 바른 인간으로 어떻게 성장하겠습니까? 책이 사람을 만듭니다. 책이 AI를 부릴 수 있는 사람을 만듭니다. 책은 반드시 읽어야 합니다.

학교생활의 시작은 책 읽기로 하겠습니다. 다른 아침 활동보다 책 읽기를 우선하겠습니다. 도서관을 비롯하여 읽은 책은 많고 해마다 좋은 책들을 삽니다. 책을 읽을 장소도 다양하게 마련되어 있어서 마음만 먹으면 얼마든지 읽을 수 있습니다. 책은 억지로 읽어서 습관으로 만들어야 합니다. 독서는 취미 생활이 아닙니다. 시간이 날 때 재미로 읽는 활동이 아닙니다. 우리 뇌와 눈은 독서를 싫어해서 잠을 부르고 침침하게 합니다. 그런 뇌도 습관은 계속하도록 합니다. 그래서 독서하는 습관을 만드는 게 중요합니다. 학생과 전 교직원이 책 읽는 시간을 지정하여 독서를 습관화하도록 하겠습니다. 독서가 습관이될 때까지 읽은 내용을 확인하거나 억지로 독후활동을 하지 않겠습니다. 학교는 가정과 지역민과 함께 독서하는 문화를 주도하겠습니다. 책으로 과제를 해결하는 학습을 많이 하겠습니다.

책이 없었던 시대에서는 사람에게서 삶의 지식과 지혜를 얻었습니다. 나이 많은 사람을 공경하는 문화의 기원입니다. 지금도 책이 할 수 없는 지혜로운 삶은 사람에게 배워야 합니다. 사람마다 지식과 경험에서 얻은 지혜가 다릅니다. 다른 사람을 잘 읽는 사람은 그만큼 많은 지혜를 얻게 됩니다.

사람을 잘 읽는 방법은 잘 듣는 것입니다. 보는 것에 익숙해져서 듣는 게 어려운 세상입니다. 자막이 없어도 되는 사람은 자막 보지 않고 듣는 습관을 기릅시다. 말하는 사람을 존중하는 마음이 있으며 더 잘 들립니다. 친구 사이의 다툼은 대부분 잘 듣지 않아서, 인정하고 존중하는 마음이 덜해서 일어납니다. 생각이 다른 친구 — 사람의 말을 잘 듣고 생각을 나누어 지혜로운 사람이 됩시다.

자연은 우리에게 끊임없이 변화의 신호를 보냅니다. 지금은 기후 위기의 신호를 다급하게 보내고 있습니다. 자연이 보내는 신호를 제대로 읽고 이해해야 자연의 한 부분인 사람의 삶이 지속 가능합니다.

생태전환교육을 적극 추진하겠습니다. 물품을 아껴서 쓰레기를 줄이고 분리배출을 강제하겠습니다. 분리 배출한 쓰레기는 대부분은 재활용되지 못하고 해외로 수출하는 불편한 진실을 알고 있습니까? 분리배출보다 쓰레기를 줄이는 것이 중요합니다. 학습 준비물을 체계적으로 관리하여 학급과 학년에서 중복해서 사지 않도록 하겠습니다. 자기 물건에 이름을 적어서 소중히 여기고 잃어버린 물건을 찾는 습관을 길러주겠습니다. 이렇게 아낀 예산은 학생들의 교육활동에 투자하겠습니다. 물 아끼는 시설을 갖추어 물 낭비를 줄이는 생활 습관을 기르겠습니다. 빗물 재활용 시설로 화단과 텃밭을 가꾸겠습니다. 손수건을 사용하여 종이 수건 사용을 줄이고, 종이봉투를 비롯한 일회용품, 플라스틱 생수병을 학교와 교육활동에서 퇴출하겠습니다. 생태교육을 하겠다며 환경 오염을 자초하는 환경세탁 교육을 하지 않겠습니다. 불편을 무릅쓰고 실제적인 변화를 추구하는 삶을 일상으로 만들어 자연이 보내는 신호에 보답하겠습니다. 사람을 위해서 그래야만 합니다.

세상을 바르게 즐기는 삶은 쾌락이 아니라 옳은 선택으로 바른 삶을 사는 것입니다. 옳은 선택은 지식, 경험, 지혜로 세상을 제대로 읽어 내는 문해력이 있어야 가능합니다. 바른 삶은 민주주의를 지향하는 시민의 삶입니다.

기초와 기본 학력에 만족하지 않고 교육과정이 요구하는 성취 수준을 달성하여 문해력을 기르겠습니다. 문해력이 부족하여 세상을 바르게 읽지 못하는 사람이 되지 않도록 하겠습니다. 지식, 경험, 지혜를 활용하여 다양한 관점으로 세상을 읽는 비판적인 태도를 기르겠습니다. 넓은 세상, 다양한 세상, 변화하는 세상을 경험할 수 있는 체험학습을 의도적이고 계획적으로 실시하여 재미있게 세상을 배우도록 하겠습니다.

우리 써요.

걷고 읽은 것을 내 것으로 만들려면 지식, 생각, 느낌을 정리할 수 있어야 합니다. 정리할 수 있는 가장 좋은 방법이 쓰는 것입니다. 쓴 것들을 공유하면 사람을 위한 세상을 만드는 게 훨씬 수월합니다.

1학년부터 바르게 글 쓰는 교육활동을 꾸준히 하겠습니다. 워드 프로세스가 아닌 연필로 글을 쓰면 뇌 발달부터 감성 발달, 깊이 생각하여 체계적으로 정리하는 태도를 더 기를 수 있습니다. 글쓰기는 인류가 생존하는 한, 없어질 수 없는 행위로 지금도 글을 잘 쓰는 사람이 훨씬 유리한 세상입니다.

공부한 내용을 기록할 수 있는 공책을 학년 수준 맞게 제작·활용하여 별도의 공책 없이 교과 공부와 학교생활을 쓰도록 하겠습니다.

한글 교육과 외국어 교육을 바르게 하겠습니다. 우리말 맞춤법과 문법, 바른 말 고운 말 사용하는 능력과 오염된 우리 말을 바르게 사용하는 소양을 기르겠습니다. 우리말은 한자어가 많습니다. 억지로 한자 교육하지 않겠지만 한자어의 한자를 제시하여 우리말을 읽고도 뜻을 알지 못하는 일이 생기지 않도록 하겠습니다. 정보와 통신의 발달로 국가 간의 경계가 허물어졌고 직업 및 자아실현을 위해선 외국어 교육 또한 중요합니다. 실제적인 소통 위주의 외국어 교육을 하겠습니다.

일기 쓰기를 장려하고 일기를 제대로 매일 쓰는 학생을 칭찬하겠습니다.

경계를 허물어 삶을 변화시키는 프로젝트 학습을 체계적으로 하겠습니다.

프로젝트 학습의 목적은 통합·융합으로 정리하여 쓰고, 통합·융합으로 쓰고 정리하여 발표로 삶을 변화하기 위함입니다. 그래서 프로젝트 학습은 읽기와 더불어 쓰기가 기본입니다.

프로젝트 학습은 학생의 발달 수준을 고려해야 합니다. 주제별로 학년, 학년군, 무학년으로 운영해야 합니다.

다양한 보고서 형식의 글로 작성하여 다른 사람에게 발표해야 합니다. 보고서로 작성된 글로 다양한 콘텐츠로 변환하는 창의성을 드러내야 합니다.

　　보고서와 창의적인 콘텐츠로 사람을 설득하는 발표회를 해야 합니다. 발표의 기본은 말하기입니다. 말하기는 다른 사람의 마음에 글을 쓰는 행위입니다. 다른 사람의 마음에 글을 바르게 쓰는 교육활동, 바르게 말하기 소양 교육은 모든 교육활동에서 강조해야 합니다.

　　이렇듯 프로젝트 학습은 제대로 해야 합니다. 그렇지 않으면 재미만 있는 학력 저하 활동이 되고 맙니다.

　　학교 공동체별 글쓰기 동아리 활동을 권장하겠습니다. 일정한 수준이면 책 출간을 지원하고 인지세는 학교발전기금으로 하겠습니다.

우리 즐겨요.

전통문화와 다문화를 즐겨요.

전통문화를 즐기며 우리 문화의 우수성과 우리의 정체성을 찾아요.

다른 나라의 전통문화를 함께 즐겨요.

우리 지역의 국악인에게 배울 수 있는 국악을 배워요.

우리 지역의 국악인에게 배울 수 있는 국악기를 배워요.

우리 지역의 문학인에게 구전문학을 알아봐요.

우리 학교, 우리 지역 다문화 가족에게 여러 나라의 전통문화를 배워요.

악기도 배워요.

이야기도 들어요.

국악과 다문화 음악, 구전문학과 다문화 이야기로 연극을 꾸며봐요.

여러 나라 문화가 어우러진 학교 축제를 만들어봐요.

지역 축제에서 공연해 봐요.

교육과정을 재구성해서 교과 수업 시간과 프로젝트 학습으로 배울 겁니다.

방과후학교, 돌봄교실, 늘봄학교와도 연계할 겁니다.

지역의 강사와 우리 학교, 우리 지역 다문화 강사를 우선 활용할 겁니다.

체계적으로 천천히 알차게 배울 겁니다.

배운 만큼 연극과 공연으로 즐길 겁니다.

학생과 학부모, 선생님이 동의하면 지역 축제에도 참여할 겁니다.

말하기를 즐겨요.

읽고 쓰며 말하기를 즐겨봐요.

읽으면서 이해하는 마음을 기르고, 쓰면서 정리한 공부를 말해봐요.

많이 읽지 않아서, 쓰는 게 부족하여 말하기가 이르다고요?

그러면 거꾸로 생각해 봐요, 어떤 말을 하려면 무엇을 읽고 어떻게 써야 할까요?

잘 모르겠으면 부모님과 선생님, 주변 어른들께 물어봐요.

똑똑 떨어지는 유창한 말하기 기대하지 않아요.

기분 좋을 때 기분 나쁠 때,

좋을 때 미울 때,

도와주고 싶을 때 도움받고 싶을 때,

누군가에게 말하고 싶을 때 누군가의 말을 듣고 싶을 때,

교실과 학교를 바꾸고 싶을 때,

읽은 대로 정리한 대로 말해요.

소리치고 싶고, 욕하고 싶고, 한 대 때리고 싶을 때는 그렇게 하고 싶다고 말해요.

씩씩거리며 말할 수는 있지만,

욕하고 때리고 차고 던지는 건 말하기가 아닙니다.

바르게 말하는 태도를 꾸준히 교육할 것입니다. 학교의 힘만으로 힘들면 전문가와 전문 기관의 도움을 받을 것입니다.

바르게 말하기로 사람을 위하는 학교로 만들 겁니다.

학교의 일상을 즐겨요.

학생에게 어떻게 학교가 행복하겠어요?

학교가 직장인 교직원에게 어떻게 학교가 행복할 수 있겠어요?

수업 안 하고 놀기만 하면 행복할까요?

교육활동, 교육지원업무 하지 않으면 행복할까요?

학교 오지 않아도 배울 수 있고, 학교 오지 않아도 월급 받을 수 있으면 행복하겠죠?

그것도 생각대로 배워지고, 원하는 만큼 월급 받을 수 있으면 더 행복하겠지요?

그다음 또 그다음은.

그럴 수 없잖아요.

국가에서 학교에서 배우라고 강제하고 있잖아요.

출근하지 않으면 교직원 할 수 없다는 것 아시잖아요.

학교는 우리의 일상입니다.

배우고 가르치고 지원하며 옥신각신하는 게 학교입니다.

많은 사람이 모여 있으니 여러 문제로 갈등하며 푸는 게 학교입니다.

덜 울고, 많이 웃는 학교를 꿈꾸며 말하고 지지하며 당당하게 맞서는 학교의 일상을 즐겨요.

4. 지원

> 서로서로 도와요.

교장, 학생, 교직원, 학부모, 지역민의 관계는 일방
적이면 안 됩니다. 교장만이 지원하는 관계가 아닙니
다. 학생 교육을 위한 각자의 역할이 있습니다. 그 역
할을 확실하게 인지해야 도울 수 있고 도움받을 수
있습니다.

학생 교육활동 중심으로 효율성을 강조한 분명한
업무분장 할 거예요. 업무를 수용하여 협력으로 해
결하는 학교 문화 만들 거예요. 만약, 업무로 갈등하
면 분명하게 '이건 당신의 업무입니다.'라고 할 거예
요. 힘들다고 도와달라면 함께 도울 거예요.

가정에서 해야 할 일을 학교에 요구하면 차분하
게 가정에서 해야 자녀가 잘 자란다고 말할 거예요.
가정이 그것을 할 수 없는 환경이라면 일단 학교에서

하고 그것을 할 수 있는 가정 환경이 되도록 도울 거예요. 도움을 거부하고 계속 요구하면 민원의 최종 해결자로서 그 분야 전문가 자문과 경험의 지혜로 방법을 꼭 찾을 거예요.

학교 예산은 학생 교육활동에는 아낌없이 사용할 거예요. 학생 교육의 정당성에 벗어나지 않을 거예요. 편성과 집행은 청렴, 도덕성, 투명성을 갖출 거예요. 편리성과 융통성을 앞세운 '돈 쓰기 위한 교육활동'을 하지 않을 거예요.

학생 자치회 활성화할 겁니다. 학생들이 자치회와 회의를 수시로 할 수 있는 공간을 마련할 거예요. 운영 예산도 충분히 편성할 겁니다. 학생 자치회에서 결정한 내용이 합법이고 진보면 적극 수용할 겁니다. 수용할 수 없으면 그 근거를 분명하게 제시해서 설득할 겁니다.

학부모회는 학부모 전체의 의견을 대변하도록 할

겁니다. 설문지 의견보다 학부모회 의견을 존중할 겁니다. 학생 교육을 위한 역할을 할 수 있도록 다양한 지원할 겁니다. 학부모 동아리는 학생 교육을 지원할 수 있는 소양을 쌓도록 지원할 겁니다. 학부모 취미반은 지양할 겁니다. 목적을 달성할 수 있는 예산을 지원할 겁니다.

학생, 교원, 교직원, 학부모, 지역민 대표로 구성된 학교 발전 협의체를 조직하여 학교의 문제해결과 발전 방향을 찾을 겁니다.

교무회의는 불필요한 형식과 절차를 일소하고 교장이 토의와 토론을 진행하고 참여하는 의결 기구화하겠습니다. 충분한 토의와 토론으로 다수결보다 합의가 결정 원칙인 교무회의로 전환할 겁니다.

형식적인 행사, 절차, 보고는 없앨 겁니다.

교직원의 전문성 신장을 위해 최대한 지원하겠습니다. 학생 교육과 지원을 위한 다양한 교직원 연구

모임과 동아리에 예산을 최대한 지원하겠습니다.

학교 안과 밖의 학생 활동 공간과 시설물은 함께 살펴야 합니다. 담당자와 더불어 우리 모두 관심을 기울일 때 학생의 공간이 한층 더 안전해집니다. 주인 의식으로 학생과 우리를 위해 학생 주변을 잘 살펴야 합니다.

최종 민원 해결자의 역할을 다하겠습니다.

5. 평가

평가로 성장합니다.

언제부터인가 평가 행위가 경쟁인 것처럼 호도했습니다. 평가가 배운 사람의 성장보다 가르친 사람에게 책임을 묻는 도구라고 생각합니다. 평가의 개념을 회복해야 합니다. 평가는 가르치는 사람과 배운 사람의 성장을 이끄는 도구입니다.

100m 달리기는 혼자보다 여럿이 하면 기록이 더잘 나옵니다. 지금껏 달린 순위만을 강조해서 경쟁을 조장했습니다. 우리는 여럿이 달려서 각각 성취한 기록에 집중해야 합니다.

사람의 끼와 재능이 다양하다고 하지만 실제는 그렇지 않습니다. 몇 가지 영역이고, 몇 가지 영역을 세분하여도 생산적이고 창의적인 재능과 끼는 한정적입니다. 같은 유전자를 공유한 사람은 다른 점보다같은 점이 많기 때문입니다. 따라서 억지로 다른 영역을 다양하게 구분하여 외롭게 달리기하는 교육보다 사람에게 필요한 영역을 함께 달려서 각자의 꿈과 재능을 발현시켜야 합니다. 1등만이 필요한 세상도 아니고 노력하여 성취한 만큼으로 얼마든지 잘 살 수 있습니다. 누가 1등인지를 정의하지 못하는 세상이기도 합니다. 경쟁은 결과가 아닌 성장의 과정입니다. 그리고 협동은 정의롭고 경쟁은 정의롭지 않다는 이분법은 교육자의 태도가 아닙니다. 협동과 경쟁은 상호보완적이며 효율적으로 사용해야 수월하게 성장합니다.

학교 교육과정 평가

학교 교육과정의 교육활동은 실시 후에 바로 평가하거나 활동 중에 평가하여 피드백해야 합니다. 어떤 영역의 교육활동이 완전히 종료되었다면 바른 평가 방법으로 학생 성장을 확인하여 피드백하는 교사 협의회를 실시해서 다음 학년도의 학교 교육과정에 반영해야 합니다.

해당 학년도의 학교 교육과정 평가는 대개 교직원, 학부모, 학생으로 나누어 두루뭉술한 설문지를 이용한 만족도 조사가 대부분입니다. 현실적으로 가장 편리한 방법입니다.

학생 자치회, 학부모회, 교무회의, 학교 발전 협의회를 통한 질적 연구로 평가하여 학교 공동체의 구체적이고 다양한 의견을 학교 교육과정에 반영하겠습니다. 학교 공동체의 평가 역량이 부족하면 전문가 집단의 도움을 받겠습니다.

성장 장애를 예방하며 성장을 촉진하는 학생 평가

학생 평가는 학생의 성취 수준을 정확하게 파악하여 학생 성장을 촉진하는 역할입니다. 기초와 기본 학력이 성취 목표가 아닙니다. 학년에 맞게 국가에서 제시한 수준의 성취가 목표입니다. 이를 달성하지 못하면 다음 학년의 배움이 어렵습니다. 수업으로 어떤 학년, 어느 과목의 성취 수준을 달성할 수 있습니다. 교사는 성취 수준 달성 여부를 수업 중의 의도적이고 효율적인 방법으로 확인하고 피드백하여 학생이 성취 수준을 달성할 수 있도록 노력해야 합니다. 수업에서 학습 부진을 일으키지 않는 것이 제일 중요합니다.

학습 장애가 있는 학생은 담임의 책임 지도가 제일 효과적이지만 그럴 수 없다면 외부 전문 강사가 수업 중과 수업 후에 지원하겠습니다.

평가를 위한 평가가 아닌 학생의 지속적인 성장을 촉진하는 평가여야 합니다.

평가 없는 교육은 없습니다

일부 혁신학교, 대안학교에서 평가가 없는 교육과정을 운영한다고 자랑합니다. 그러나 평가가 없는 게 아니라 시험지 평가가 없을 뿐 실제로는 토론과 토의, 상호발표, 프레젠테이션, 공모, 경연대회 참가 등으로 냉정하게 평가합니다.

섣부르게 따라 하며 학생 교육에서 평가를 삭제하면 재미만 추구하는 수업으로 학생 퇴행을 조장하는 교육이 됩니다. 재미있는 수업으로 학생 성장 교육을 해야 합니다. 이처럼 평가는 교육의 성패를 좌우하는 중요한 요소입니다.

6. 바람

교육적인 교원, 교육적인 학교보다 학교 공동체의 지지로 교육하는 교원, 교육하는 학교이기를 바랍니다. 솔선수범하겠습니다.

교원대 르망스

연수를 시작할 때부터 내가 만난 연수생 모두가 한국교원대학교 종합교육연수원으로 다시 연수 위탁해야 한다고 주장했다.

경남교육청 교육연수원에서 연수를 받았던 이전 교장들도 다시 한국교원대학교 종합교육연수원으로 돌아가야 한다고 했다.

해외 교육 체험연수에서 만났던 다른 지역 교육청의 연수생들도 경남교육청의 독자적인 연수 운영을 비판하며, 해외 교육 체험연수만 위탁하는 것에 대해서도 일갈했다. 그들은 해외 교육 체험연수에 경남

연수생이 끼어 있으면 향후 팀 전체의 지속적인 모임을 하기 힘들다는 이유였다. 해외에서 잠시 만났다가 헤어지는데 그럴 수밖에 없지 않겠는가?

아무튼, 한국교원대학교 종합교육연수원으로 다시 위탁해야 한다는 공통된 근거는 다음과 같았다.

- 교장은 안목이 넓어야 하는데, 그러려면 전국적 인적 네트워크를 갖고 있어야 한다. 한국교원대학교 종합교육연수원 초등교장 자격연수의 조별, 분임, 팀별 활동이 좋은 기회이다.

- 전국의 연수생들이 다 모였기 때문에 교육 현안을 다양한 관점에서 소통할 수 있다.

- 연수와 강사의 질이 다르다. 한국교원대학

교 종합교육연수원의 잘 관리된 연수 체계
를 지방 교육청이 따라갈 수 없다는 것이다.

- 출퇴근의 부담을 덜 수 있다. 한국교원대학
교 종합교육연수원의 기숙사를 사용할 수
있어서 매일 연수원까지 출퇴근하는 부담
이 없다는 것이다.

해외 교육 체험연수를 함께 한 팀원을 만나서 한
국교원대학교 종합교육연수원의 초등교장 자격연수
이야기를 대충 들었다. 그것과 내 의견을 덧붙이면
다음과 같다.

- 전국적 인적 네트워크 구성 기회가 된다.
다만, 연수생의 성향에 따라 그걸 부담스
러워하는 경우가 있다.

- 전국적인 연수생과의 소통은 다양한 관점
으로 안목을 높일 수 있다.

- 연수와 강사의 질은 두 군데를 다 수강하지
못해서 주관적으로도 말하기 곤란하다. 확
보한 한국교원대학교 종합교육연수원의 연
수교재의 연수 과정을 살펴보면 경상남도
교육청 교육연수원의 연수 내용과 비슷하
나 ― 한국교원대학교 종합교육연수원의
연수를 본떴을 것이고, 초등 교장 자격연수
의 정해진 내용이 있어서 그럴 수밖에 없을
것이다. ― 강사와 강사가 속한 기관은 달
랐다. 강사와 소속기관의 유명세와 강의의
질이 비례한다고 볼 수 없어서 딱히 무어라
말하지 않겠다. 두 군데의 연수생 다 주관
적인 불만은 있었다. 개인차가 있는 다수를
대상으로 하는 연수가 다 그렇듯이.

– 출퇴근의 부담은 덜 수 있다. 동의하는 연
수생이 많았다. 그러나 경상남도교육청 교
육연수원이 있는 창원특례시에 거주하는
일부 연수생은 합숙의 불편이 없어서 오히
려 좋다고 했다. 한국교원대학교 종합교육
연수원 일부 연수생은 합숙의 불편을 토
로하기도 한다고 했다. 이 역시 다수를 대
상으로 하는 장기간의 집합 연수의 해결하
기 어려운 과제이다.

학교와 교육 풍토가 지금과 상당히 다를 때 전설
처럼 내려오는 교원대 초등 교장 자격연수 로망스로
지금의 연수를 단순히 비교하는 건 분명히 무리가
있다.

대안이 아닌 두루뭉술한 주장이지만 경상남도교
육청 교육연수원의 장점을 강화하며, 연수생이 해마
다 제기하는 단점을 극복하는 실제적인 대안 마련이

시급하다. 만족도가 제일 높은 연수라고 자화자찬하기에는 연수생의 불만이 이만저만이 아니다.

  전국적인 연수의 장점도 있고 지역 교육청의 장점도 있다. 둘 다 단점도 있고.
  교장을 할 때 어느 것이 더 효능감이 있을지를 따져야 할 문제이다.

국가정책 연수

초등 교장 자격연수가 끝난 후에, 이틀 동안 12시간, 실시간 쌍방향 온라인, 중앙교육연수원 주관으로 국가정책 연수를 했다. 초등 교장 자격증을 받기 위해서 꼭 받아야 하는 연수이다.

이틀 12시간 동안 모니터를 보고 있으려니 — 실시간 화면에서 연수자가 몇 분 동안 보이지 않으면 미참여로 인정되어서 모니터에 달린 카메라를 벗어날 수 없다. — 눈이 불편한 나는 눈이 빠질 듯했고, 둘째 날에는 급작스럽게 현기증과 구토 증상까지 일었다.

기숙사가 있는 중앙교육연수원에서 집합 연수로 하면 전국의 연수생이 한자리에 모이므로 온라인 소통보다는 더 효율적으로 국가정책을 인지하고 소통할 수 있을 것이다.

연수 기간도 초등 교장 자격연수 바로 앞이나 끝난 후에 바로 이어서 하면서 두 연수 내용이 겹치지 않도록, 그럴 수밖에 없으면 연수 방법과 수준으로 내용을 달리하면 좋겠다.

욕심을 내면, 교육부 장관도 이런 중요한 연수를 통해 현장과 적극적으로 소통하는 모습을 보이면 좋겠다. 학교장의 위상도 올라갈 테고.

나는 학교장쯤 되면 국가정책에 대한 솔직한 소신이 있어야 하고 공개적으로도 말할 수 있어야 한다고 주장한다. 찬성과 반대의 이분법적 소신이 아니라, 그런 정책으로 일어날 학교의 변화, 현장 — 좁게는 본인이 경영하는 학교에 효과적으로 시행하기 위한 나름의 소신이 있어야 한다.

나는 학교장으로서 그런 소신으로 소통하여 국가 정책을 학교에 잘 맞도록 다듬을 것이다.

초등 교장 자격연수
개선 요구

나의 초등 교장 자격연수의 개선을 다음과 같이 요구한다.

- 연수 기간이 짧다. 짧은 기간에 너무 많은 내용을 주입하려 한다. 교장의 책무를 체득과 체화하기 위해선 좀 더 긴 시간이 필요하다.

- 성찰과 다짐하는 연수 시간을 많이 갖도록 하여 내면이 성장한 교장으로 거듭나는 연

수가 되기를 바란다.

- 연수를 받고 짧은 기간 내에 교장 발령을
내어 연수 효능감을 높여야 한다. 그렇지
않아서 연수는 연수로 끝난다.

- 우리나라의 정체성 관련한 강좌를 확대해
야 한다. 우리나라의 역사와 문학, 예술 지
식을 높이는 시간이 더 필요하다.

- 연수 유희를 위한 잠깐의 문화 체험보다
교장이 되어서 지속적인 문화생활을 할 수
있도록 체계적인 문화 체험 연수 시간이 필
요하다. 문화생활이 개인 영역이므로 굳이
교장 자격연수에서 그럴 필요가 없다고 할
수 있겠으나 나는 학교 경영자로서 학교장
의 문화 인식이 학교 공동체에 끼치는 영

향이 크다고 생각한다. 학교장의 문화 인식으로 학생을 비롯한 학교 공동체가 문화의 소비자 역할로 문화를 부흥시킬 수 있고 더 나아가서는 이런 활동이 우리나라 문화를 더욱 발달시킨다.

- 폭이 좁은 의자에 장기간 앉아있는 연수를 지양하고 노화에 따른 집중력을 잃지 않는 연수 환경을 조성하면 좋겠다.

- 연수 점수는 없애야 한다. 1정 교사 자격연수 점수도 사라진 판에 교장 자격연수를 점수로 관리하지 않아야 한다. 연수점수제는 숙고를 통한 폭넓고 깊은 안목과 소통을 방해한다. 초등 교장 자격연수의 목적에 어긋나게 작용하고 있을 뿐이다. 정해진 조건을 충족하면 자격증을 부여해야 한다.

나는 교사 때도 교육 발전에 이바지했고, 교감인 지금도 그러하다고 굳게 믿는다. 교장이 되어도 그럴 것이라고 확신한다.

그러나 그 무게에 따른 책임감은 남다르다고 각오한다. 그래서 그 무게에 맞는 역할, 교장의 역할을 다하고자 한다.

그 역할이 교사의 일과 교감의 일을 대신하고 행정실 편의를 위해 묻지도 따지지도 않고 밤낮으로 노트북을 끼고 살며, 예초기로 잡초 제거하고 텃밭을 도맡아 관리하는 것이라면 거부한다.

나는 그러한 분들이 그러한 일을 잘할 수 있도록 할 것이며, 부득이하게 그런 일을 해야 할 때는 일시적으로 그럴 것이다.

어느덧 교감을 7년 하고 있다.

짜증스럽고 지겹다.

초등 교장 자격연수를 받고 나니 더 그렇다.

초등 교장 자격연수의 다짐을 잊어버리기 전에 교장 발령 받기를 소망한다.

내가 이토록 교장을 갈망했던가?